JN409171

삶은 날씨고 삶은 식사다

이 도서의 국립중앙도서관 출판시도서목록(CIP)은
서지정보유통지원시스템 홈페이지(http://seoji.nl.go.kr)와
국가자료공동목록시스템(http://www.nl.go.kr/kolisnet)에서 이용하실 수 있습니다.
(CIP제어번호: CIP2014026491)

삶은 날씨고
삶은 식사다

손유심 엮음

젊음을 지나온

사람들이 말하는

인생이라는 것

스토리유
storyou

삶은 날씨고 삶은 식사다

1판 1쇄 발행 2014년 10월 2일

지 은 이 **손유심**
펴 낸 이 **손유심**
펴 낸 곳 **스토리유**

출판등록 **2010년 12월 7일 제300-2010-166호**
주　　소 **서울시 관악구 보라매로 6가 33 (1-103)**
전　　화 **02-723-1208**
팩　　스 **02-723-1207**
이 메 일 **storyou7@gmail.com**

ISBN 978-89-966863-5-4 (03810)
책값은 뒷표지에 있습니다.

지금 이 순간을 더 많이 지켜보고, 더 많이 맛보아야만 한다.

그게 바로 때로 고단해도 우리가 계속 살아가는 이유다.

남들은 무슨 생각을 하며 늙어갈까

어느덧 50줄에 들어섰다. 나이만 먹고 무엇 하나 깨닫지 못할까봐 초조했다. 대체 비슷한 연배의 사람들은 무슨 생각을 하는지, 어떤 마음으로 늙어 가는지 궁금했다. 또 무엇을 후회하며, 무엇을 깨닫는지, 남은 인생은 어떻게 보내려 하는지, 그 내밀한 속마음을 들여다보고 싶었다.

인생의 전환점에서 뭔가 새로 꿈을 꾸고 준비해야 하는데, 나처럼 스스로 생각하고 깨닫는 힘이 약한 사람이 참고할 만한 모델이 없었다. 그래서 내 동년배 혹은 그 이상 연배의 소설가나 시인들이 쓴, 자신의 속내를 담은 산문을 집중적으로 읽었다.

덕택에 소중하고 고마운 문장들을 많이 만났다. 그들의 추억과 인생에서 나 역시 애틋한 추억을 떠올렸고, 물고기같이 우는 중년처럼 자꾸 돌아봐지는 내 지난날 곳곳에도 눈물이 자욱했다. '멜로디

한 소절'보다도 짧은 게 인생이고, 산다는 건 뒤통수를 맞는 것이고, 인생이란 그래서 산노루처럼 쓸쓸하다는 문장 앞에서는 감히 꽃다운 시절에는 알 수 없는, 삶의 진실에 가까이 가는 기분이었다.

저마다 아픈 순간들이 있고, 인생을 즐기고 사는 방법들이 다르긴 했지만, 그 행간에는 공통의, 하나의 삶이 들어있었다. '삶은 날씨고, 삶은 식사'라는 것. 제임스 설터가 소설 『가벼운 나날』에서 한 이 말은, 현재를 살고, 그 속에서 능동적으로 사는 일, 내 인생에 더 많은 공기와 바람과, 서늘함을 요구하기 위한 내 삶의 구호이자, 철학이 되었다.

이 책은 회한, 자책, 청춘, 로망, 새로운 모색을 꿈꾸는 중년의 문장들을 모은 것이다. 여기에 엮은이의 일기 같은 메모를 곁들였다. 공감이나 탄식, 떠오르는 옛 추억담이나 그때그때 스치는 생각들, 나도 해봐야지, 하는 계획과 다짐들이다.

스멀스멀 비집고 들어오는 지난날에 대한 미련과 자책에, 어떻게 살아야 하나, 고민하던 내게 적지 않은 위로와 용기를 준 많은 문장들이 진심으로 고마웠다. 소설가, 시인, 기자, 방송인, 사회운동가들이 지은 것들이다. 이 글을 교정하느라 수고로웠을 많은 편집자들과, 책을 펴낸 발행인에게 감사의 말씀 드린다.

2014년 가을에 손유심

차례

책머리에_ 남들은 무슨 생각을 하며 늙어갈까 … 6

1장

사느라고 잃어버린 삶, 어디 갔을까 … 15

내겐 아예 청춘이 없었다
그것이 바로 내 인생이라니?
내가 벌써 노약자?
70년 인생이 겨우 이거라니
젊은이들은 로망을 모른다
좋은 시절이 얼마 남지 않은 것
내가 선택한 삶이었나?
청춘의 횃불이 꺼져간다
되돌아보는 지난날은
그 긴 어둠 어찌 통과했는지

2장

나는 인생을 희롱했다가 실패했다 … 29

친구가 잘나 보이는 날
새로 일 벌였다가
삶이 먼저라는 걸 몰랐던
낚시질 하다 물고기같이 울었다
삶에 낙심할수록 가파르게 늙는다
나는 너무 오랫동안 울지 못했다
이놈의 목주름 때문에
50대 어느 가장의 소원
뼈아픈 후회
인생, 의미와 무의미의 싸움
자책이 가장 아픈 나이
허리 휘고 기둥뿌리 뽑혀도
이삿짐 싸고 푸는 내가 한심해
비디오를 보는 한 '쉰 시인'
지면서 살아간다
나는 실패투성이 인간이지만
진보하거나 추락하거나
알지 못해서 몰랐던 게 아니라

3장

그래서 늘, 인생은 어느덧 지나가니까 … 61

맑은 영혼이 남아 있기를

군대 화장실에서 읽던 편지들

이 봄 아쉬워 어찌 보낼까

인생, 산노루처럼 쓸쓸하다는 말

설. 레. 이. 고. 싶다

첫눈 오는 날 만나자

헤어진 옛사랑이 생각나거든

눈물이 아잉 기 어딘노

산다는 건 늘 뒤통수를 맞는 것

집은 아직 따뜻하다

'거울 앞에 선 누님' 같은 마음

봉선화 물들인 손톱과 첫눈

나는 나를 지나쳐왔다

4장

이것을 알기 위해 일생을 허위허위 달려오는 것일까? … 83

인생은 '좋았다가 무덤덤, 나빴다가 무덤덤'

노인은 자연일 뿐이다

나이 들어가는 여자

우주에 소원을 말하는 방식

낙지 잡으면서 깨달은 것

나이 들어서 좋은 일들

죽음은 철저히 혼자인 것을

'인생사, 뭐 대단한 거 있나'

점점 내가 보이지 않는 것

오십의 하늘에도 별이 돋는다

나보다 못난 놈 없더라

더 열심히 사랑할 걸

진짜 인생은 삼천포에 있다

눈물 콧물 웃음으로 사는 것

거칠게 씹어 삼키지 말고

점점 가벼워지는 느낌이 좋다

가끔 죽음을 생각하면서

인생은 주사위 던지기 게임

5장

늙으신 부모님의 하루가 그렇게 가고 있다 … 113

언젠가 맞게 될 어머니의 부재
혼자 영정사진 찍을 때
우두커니 앉아서 보내노라면
엄마, 사라지지 마
꽁보리밥 도시락과 어머니
오래전 엄마와 소풍간 날
어머니 떠난 지 2년, 혹시나
엄마에게도 꿈이 있었을까
자식 농사
가끔 엄마가 전화를 하면
내 서러운 등짝 들키고 말았다

6장

삶은 날씨고 삶은 식사다 … 133

'시월의 마지막 밤'
마지막 남은 나의 꿈
더 많은 공기와 바람, 그리고 서늘함을
소박한 초인
'내 손안의 작은 새'
그리스인 조르바식 행복
럭셔리한 인생의 조건
감수성의 질과 '현재' 능력
작업실에 관한 로망
미각이 늙기 전
'내 인생의 옥상 파티'
재즈클럽
기억에 남을 순간
중세 유럽풍 로망
글 쓴 후 맥주 마시기
그림 그릴 때 드는 느낌
도서관에서 보내는 오후

7장

더 나은 사람이 된다는 것, 중년의 품격 … 163

절세의 미인도 사랑을 잃으면

한 사람과 오래 산다는 것

그날의 기억밖에 없는 삶

"이대로 죽어도 괜찮을까"

한 그루 나무처럼 살고 싶다

수십억 분의 1만큼 세상에 힘 보태기

서당의 훈장이 내 꿈

경조사 챙기기

종교란 사랑을 실천하는 것

지식과 교양을 갖춘 친구

효재처럼 일상이 수행

마음이 사는 방

시민단체에 눈 돌릴 나이

윤리적 삶을 산다는 것

누구나 퇴비가 되라고

이 아이들을 어찌할 것인가

낡아가는 것과 늙어가는 것

8장

삶은 헛수고지만, 그래도 삶은 자기혁신 … 189

'쓸데없는 공부' 하기 좋은 때

나이 든 사람의 어학 공부

완벽한 하루

내 인생 계획

삶을 즐기며 살아가기

배워서 어디다 써먹을까?

세월을 낚는 묘미

생각은 늘 현재형으로

하루를 기록한다는 것

더 많이 회복해야 할 앎

'야금야금' 정신

분한 일을 당하면

안나푸르나에서 얻은 확신

9장

이제부턴 계급장 떼고,
스펙 떼고 … 207

시인처럼 살 수 있는 용기
글 쓸 때 나는 가장 잘산다
이제 유유자적할 틈은 없다
인생을 관통하는 '꿈'
제대로 한번 붙어볼 나이
살아있는 동안 온전한 인생
또 한 번의, 삶을 잘 넘기기
'꽃'으로 피었던 적이 없다면
전진하는 인생을 위해
퇴직자가 갖춰야 할 세 가지
되도록 멀리 풍경을 보자고
쟁기를 잡은 농부는 뒤돌아보지 않는다

책 속의 책들 … 224

1장

사느라고 잃어버린 삶, 어디 갔을까

지금까지 좋은 인생이 오기를 바라고 이렇게 살아가고 있는데, 아직 인생다운 인생을 살아보지도 못했는데…. 어느 순간 멈추고 돌아보니 그렇게 보내버린 시간이 쌓여서 바로 내 인생이 되었다는 것을 깨닫는다. T.S. 엘리엇이 말한다. '우리가 사느라고 잃어버린 삶은 어디 갔는가?'

내겐 아예 청춘이 없었다

갈 때마다 카페들은 젊은 연인들로 꽉 차 있었다. 내가 겪었던 청춘과는 천리만리 먼 풍경들이었다. 내겐 아예 청춘이 없었다. 먹고살기 위해, 학비를 벌기 위해 하루 스무 시간 일한 적도 있었고, 보다 나은 세상을 꿈꾸면서 최루탄의 무차별적인 세례와 몽둥이찜질을 견딘 날도 부지기수였다. 유신시대엔 십 년이나 차가운 옥방에서 살기도 했다. 그렇게 헌신해 겨우 얻은 것들을 카페 안의 저들이 독점하고 있다고 나는 새삼 느꼈다. 화가 났다. 달려내려가 희희낙락하는 저들에게 소리치고 싶었다. 너희가 지금 누리는 달콤한 인생을 누가 주었느냐고. 어디로부터 온 것이냐고, 마음대로 너희들만 누릴 권리는…없다고.

박범신 『은교』

1980년대에는 5월이 되면 그야말로 캠퍼스는 전쟁터였다. 유리창을 깨고 날아드는 최루탄에 강의하시던 교수님도 끝내 책을 덮고 강의실을 나가셨다. 그 시절은 다들 비장했다. '젊음이 주인공일 때 역사는 끔찍했다'고, 젊음이 억울했던 사람들이 어느 새 중년이 되어 있다.

그것이 바로 내 인생이라니?

사람들은 자기에게 보이는 것을 중심으로 그저 하루하루를 살아간다. 그러다 어느 한순간 멈추고 돌아보니 그렇게 의식 없이 보내버린 시간이 쌓여서 바로 자기 인생이 되었다는 걸 깨닫는다. 그때 그는 이렇게 말할지도 모른다. 뭐라고? 나는 좋은 인생이 오기를 바라고 이렇게 살아가고 있는데, 아직 인생다운 인생을 살아보지도 못했는데, 그런데 내가 무턱대고 살아왔던 그것이 바로 내 인생이었다고?

은희경 『마이너리그』

인생은 엉뚱한 삽질만 하다가 끝나는 건 아닐까, 내 앞의 것만 보며 하루하루 살아가고 있는 건 아닐까. 인생은 원래 '지독한 제자리'라고 누군가 말했지만, 조금씩 버전만 바뀌고 본질은 그대로인 것이 인생이라면 아, 진짜, 맥 빠진다.

내가 벌써 노약자?

대학을 졸업한 지도 30년이 넘었다. 그 세월은 하얗게 세어버린 머리카락에, 두꺼워진 돋보기에, 늘어가는 주름살과 검버섯에 그리고 이따금씩 눈치 없이 벌떡벌떡 일어나 자리를 양보하는 지하철 속 젊은이들의 모습에서 고스란히 드러낸다. 나를 노약자 취급해 자리를 양보하는 젊은이를 만난 사건은 세월의 무게가 한꺼번에 들이닥친 충격적 경험이었다.

김성근 외 등저 『세월은 흐르는 것이 아니라 쌓이는 것이다』 중 강신익 글

양보하기엔 젊어 보이고, 그냥 앉아있자니 신경 쓰였던 옛 경험을 떠올려, 나는 오늘도 버스 안에서 어린 친구들과 절대 눈도 마주치지 않고, 멀찍이 서서 간다.

70년 인생이 겨우 이거라니

손가락에 물집이 잡히는 것도 모르고 오래도록 잔디에 가위질을 하는 것은 풀냄새 때문만은 아니다. 유년의 뜰을 떠난 후 도시에서 보낸, 몇 십 년 동안에 맛본 인생의 단맛과 쓴맛, 내 몸을 스쳐간 일이라고는 믿어지지 않게 격렬했던 애증과 애환, 허방과 나락, 행운과 기적, 이런 내 인생의 명장면(?)에 반복해서 몰입하다 보면 그렇게 시간이 가버린다. 70년은 끔찍하게 긴 세월이다. 그러나 건져 올릴 수 있는 장면이 고작 반나절 동안에 대여섯 번도 더 연속상연하고도 시간이 남아도는 분량밖에 안되다니, 눈물이 날 것 같다.

박완서 『호미』

"어쩌면 멜로디 한 소절보다 짧을지도 모르는 인간은, 결국 시간일 뿐"이라는 보르헤스를 떠올린다. 살아오면서 맛본 인생의 단맛과 쓴맛, 애증과 애환, 허방과 나락, 행운과 기적 등 인생의 명장면(?) 몇 개로 엮인 멜로디 한 소절이 결국 인간이라는 것.

술이 아닌 차를 마시면서 혁명을 논했더라면

우리는 우리가 가졌던 대부분의 시간을 술 마시면서 보냈고, 술 마시면서 생겼던 오해를 다음 날 또 술을 마시면서 풀고, 그러고 나서는 또 기분 좋다고 술 마시고. 그리하여 정작 중요한 일들은 아예 까먹거나 혹은 취중에 생긴 각자의 이해대로 생각하고, 그 오해를 풀기 위해서 또 술을 마시고, 또 진짜 중요한 것은 까먹고. 우리가 꿈꿨던 정말 아름다운 세상에 대한 꿈은 그렇게 뒷골목 오바이트 사이로 문득 튀어나와 시궁창으로 흘러 들어가버렸다는 것, 그걸 마흔이 되어서야 알게 되었다. 아, 우리가 차를 마시면서 혁명을 논할 수 있었다면… 그걸 꽃다운 그 나이에 우리들은 왜 몰랐을까?

우석훈 『1인분 인생』

온갖 구실을 다 붙여 나눠마신 술. 그 순수한 열정과 낙관적 희망이 지금 그토록 그리운, 청춘의 특권이었음을 당연히 알 리야 없지만, 어쨌든 우리는 혁명을 논하던 그 청춘을 이렇게 살아냈다.

젊은이들은 로망을 모른다

-앞으로 꼭 해보고 싶은 역할이나 작품은?

"로맨스. 어떤 것이든 아름다울 것 같다."

-연애도 해보고 결혼도 한 중년들이 왜 로맨스에 애착을 가질까.

"로맨스, 그러니까 로망이란 것은 청춘 같아서 다 지나고 나서야 '아, 지나갔구나'라고밖에 알 수 없다. 로망은 지금 만난 뜨거운 사랑이 아니라 가버린 시간과 지나간 계절이다. 그러니까 젊은 이들은 로망을 모른다.

김창완 인터뷰 '사이코패스와 로맨스 사이'

두근두근 설렘, 뭘 해도 자신감, 가끔 희열, 세상의 중심, 어쨌든 낙관적, 비루하지 않은 정의감, 라일락 꽃잎 한가득 씹는 맛의 첫사랑, 내가 어른이 되면서 하나씩 잃어버리는 마음들이다. 어른의 로망은 여기에 있는 게 아닐까?

좋은 시절이 얼마 남지 않은 것

어떤 시점에 이르면 나는 그냥 늙었거나, 나이를 좀 더 먹었거나, 늙어보이는 정도가 아니라 정말 노인이 될 것이다. 내 앞에 좋은 시절이 단 몇 년 밖에 남지 않았다는 깨달음은 어떤 강렬한 힘을 불러일으켰다. 내가 매일매일 정말 하고 싶은 게 무엇인지 알아내려고 애썼다. 나는 목표를 낮췄다. 세이크새크에서 얼린 커스터드와 공원 산책이면 나의 완벽한 오후로 충분하다. 좋은 연극 한 편과 오르소 레스토랑에서의 식사면 완벽한 저녁으로 충분하다.

노라 에프런 『철들면 버려야 할 판타지에 대하여』

노라 에프런의 궁시렁을 재미있게 읽다가 한 대목에서 일순간 정지. 그대로 책을 품에 꼭 안은 채 울었다. 앞으로 내 '하루를 쓰는 방식'이 달라질 것을 예감했다. 나중에 그때 내가 왜 울었을까, 생각해보니 삶이 뭐 별 건가, 좀 더 삶의 기대치를 낮추고 '현재'를 살아야지, 했던 것 같다. 난 범위가 좁아질수록, 디테일할수록 자신감이 생긴다. 그래서 그 뜻밖의 울음의 정체는 안도감이자, 돌연한 자신감이었지, 싶다.

내가 선택한 삶이었나?

나는 어떤 사람일까? 도대체 왜 이렇게 살아온 것일까? 계속 이렇게 살아가도 괜찮은 걸까? 긴 시간 내 자신을 들여다보았다, 나는 내가 무엇을 좋아하고 누구를 사랑하는지 잘 안다. 내 삶에서 중요한 의미를 지닌 것과 그렇지 않은 것을 구별할 수 있다. 주어진 환경 속에서 나름 최선을 다해 열심히 살았다. 그런데 그 모든 것을 스스로 결정하고 선택한 것이 아니었을지도 모른다는 의심이 든다. 내 스스로 선택했다고 생각하지만, 사실은 선택이 아니었던 것이 있을까 생각해본다. 분명하지가 않다. 나는 종종 내가 나를 마음대로 하지 못한다는 느낌을 받는다. 무엇인가 해야 한다고 생각하지만 몸이 거부할 때가 있고, 다르게 해야 한다고 생각하면서도 그렇게 할 수 없을 때가 있다.

유시민 『어떻게 살 것인가』

계속 이렇게 살아가도 괜찮은 걸까, 사춘기적 성장통을 다시 앓고 있는 내게 유시민 저자의 고백이 그래도 반가웠다. 자기가 낳은 것 속에서 청춘은 반드시 돌아온다고, 반 고흐는 말했지만, 과연 내게 돌아올 청춘은 있을까, 생각하니 또 심란해진다.

청춘의 횃불이 꺼져간다

청춘의 횃불이 꺼져간다
괴로워야 할 치욕도 상처의 저수지도 잊어가고
우리의 숙명인 열정도 식어간다
근근이 살아가는 고달픔이란,
너는 허기져 삽살개를 찹쌀개로 헛발음하고
시계 사준다는 말이
나는 시체 사준다는 말로 들리고
혼자가 싫어 드라큐라라도 함께 있고픈 주말
사나운 날씨를 못 견뎌 헤매는 오후 네 시
울지 않으려고 웃으면서
나는 나에게로 돌아간다

신현림 '나는 나에게로 돌아간다'

자유로운 세상을 만들 수 있다는 꿈만으로도 가슴이 벅차던 날들도 다 갔고, 가난해도 순정과 낭만을 찾던 순진무구했던 날들도 다 갔고, 제대로 살아봐야겠다고 다짐하는 날들도 얼마 남지 않았다. 청춘의 횃불이 꺼져간다.

되돌아보는 지난날은

까마득하다. 아스라하기도 하다. 돌이켜보는 눈길이 사뭇 아물거린다. 여든 훌쩍 넘어서 머지않아 아흔이 될 나이에 되돌아보는 세월. 그저 어제 같고 그저께만 같다. 손 흔들면 지척인 듯이 메아리칠 것만 같다. 사무치게 아쉽다. 물론 그리움만은 아니다. 잊고 싶고 잊어야 하는데도 마음의 어느 구석엔가 못 박히듯 응숭그린 것들도 아주 없지는 않다. 그래서 지난날은 만물상 같은 것, 별의별 것이 두루뭉술하게 얽히고 섞여 있다.

김열규 『아흔 즈음에』

여든을 넘어 아흔을 앞두고 있는 나이에 되돌아보는 세월은, 지금 쉰 살의 내가 과거를 떠올리는 것과는 어떻게 다를까? 사무치게 그리운 것들과 잊고 싶은 것들이 두루뭉술하게 얽히고 섞인 만물상이 아흔 즈음에 돌이켜보는 지난날이라니, '삶은 기억'이라는 말, 마르케스가 했던가. 점점 낡아가는 추억만으로 세월을 견디는 게 노인의 시간인가 보다.

그 긴 어둠 어찌 통과했는지

필요에 의해 선택한 성격과 달리, 나는 태생적인 겁쟁이다. 낯선 일을 싫어하고, 노상 허둥대고, 곧잘 상처받고, 넌더리나게 망설인다. 혼자 욱하고, 혼자 부끄러워한다. 사소한 일을 두고두고 곱씹으며 졸렬하게 군다. 그걸 들키지 않으려고 전전긍긍한다. 이토록 후진 자질로, 극단적인 두 성질의 충돌을 끊임없이 겪으면서 그 기나긴 어둠을 어찌 통과했는지 스스로 신통할 지경이다.

정유정 『히말라야 환상방황』

이 후진 자질로 세상의 숱한 폭력과 모멸감을, 인생의 슬픔과 상처를 견디고 어떻게 지나쳐왔는지, 연민의 정이 인다. 앞으로도 이 후진 자질로 구차한 삶을 잘 견디고, 기쁨을 쟁취하기 위해 더 애쓸 것이다.

2장

나는 인생을 희롱했다가 실패했다

‘지금 이대로 괜찮은 걸까?’ ‘나, 어떻게 살아야 하나?’ 언제 다시 올지 모르는 이 세상을 지나가면서 내가 가장 아픈 실패는 진정한 나를 찾아 살지 못하는 것. 중년에는 스스로의 자책이 가장 아프다. “우리는 인생을 희롱했다가 실패했다.” 영화 ‘쥘과 짐’의 마지막 내레이션처럼.

친구가 잘나 보이는 날

친구들이 모두 나보다 훌륭하게 보이는 날
이 날은 꽃을 사들고 집으로 돌아와
아내하고 노닌다.

이시카와 다쿠보쿠의 짧은 시

친구가 나보다 잘나 보이면 심하게 꿈틀거렸다. 언제부터인가 분기탱천하기보다 이제 반전의 기회가 없을 것이란 자괴감이 들기 시작했다. 내가 나여서 좋았고, 살아있다는 게 행복했던 그 강한 느낌은 다 어디로 갔을까.

새로 일 벌였다가

새해 결심 목록에 '은퇴 후 어떻게 살지 미리 생각해놓기'를 올렸다. 무얼 하면서 나머지 30여 년을 살아갈 것인가. 젊은 시절 로망처럼 꿈꾸던 전업 작가에 도전해볼까. 자그마한 출판사를 하는 것은 어떨까. 이런저런 궁리의 나래를 펼쳐보지만 결국엔 '내가 될까…' 하는 좌절감에 부딪치곤 한다. 나이 든 내게 경쟁력이 있을까. 무엇보다 새로 일을 벌였다 망신당하면 어쩌냐는, 실패에 대한 두려움이 크다.

박정훈 칼럼 '80세에 시작해 세계 챔피언이 된 99세 이야기'

오랫동안 창업을 망설였다. 내게 경쟁력이 있는지, 잘 안되면 어쩌나, 업계나 주위의 시선도 신경 쓰여 마음을 정하지 못하던 중, 만약 실패한다 해도 내 인생의 퇴보가 아닌 전진이 될 것이라는 생각이 들자 곧바로 실행에 옮길 수 있었다. 물론 내게 지금 어려움은 있지만 머무름은 없다. 또 가난해지는 만큼 활기와 긍지는 더 커질 수 있다는 것도 배우고 있는 중이다.

삶이 먼저라는 걸 몰랐던

여러 날, 밤새 뒤척였다. 지갑을 챙겨들고 집을 나섰다. 봉천로 사거리, 서울제과기술학원으로 가 등록했다. 지금 생각해도 그건 이상한 행동이었다. 글 쓰는 일만으로는 내가 쉽게 행복에 도달하지 못하리라는 짐작을 했는지도 모른다. 그 당시만 해도 행복이라는 게 정말 엄청난 것, 어마어마한 어떤 순간이라고 여겼으니까.

어떤 그리운 냄새를 자주 돌이키게 된다면 결국 나이가 든 게 사실일 거다. 빵 냄새, 이것이 어느 젊은 시절에 관한, 나의 압도적인 프루스트 현상이다. 어떤 무엇보다 삶이 먼저라는 것을 몰랐던 청춘 시절에 대한.

조경란 『백화점』

매일 출퇴근, 밥, 시시한 대화들로 반복되는 어른들의 일상. 대체 사람은 무슨 낙으로 사는 걸까, 생각하던 시절의 나는 참 많이도 우울했다. 아마 삶이 먼저라는 것을 몰랐던 청춘 시절에 내 스스로 자청한 고난이었다.

낚시질 하다 물고기같이 울었다

낚시질 하다
찌를 보기도 졸리운 낮
문득 저 물속에서 물고기는
왜 매일 사는 걸까?
물고기는 왜 사는가?
지렁이는 왜 사는가?
(…)
낚시질 하다
문득 온 몸이 끓어오르는 대낮
더 이상 이렇게 살 수 만은 없다고
중년의 흙바닥에 엎드려
물고기같이 울었다.

마종기 '낚시질'

그런 날이 있다. 밝은 햇빛은 창으로 가득 쏟아지는데, 갑자기 길을 잃으면, 지금껏 하던 일도, 해야 할 일도 깡그리 사라져버리는 날. 그렇게 내가 형편없는 날은 중년의 흙바닥에 엎드려 물고기같이 운다.

동창회에 나가려면 용기가 필요하다

사실 동창회에 나가려면 용기가 필요하다. 서울에서 가까운 시골 중학교 출신들. 개중에는 땅부자가 많았다. 동기들 가운데 나처럼 소 팔고 땅 팔아 대학을 나온 경우는 몇 되지 않는다. 그런데 대학을 나온 월급쟁이들이 제일 가난하고 전망이 없는 축에 낀다. 아버지가 물려준 땅 덕분에 '시커먼 큰 차'를 모는 친구들 앞에서 나는 직장 이야기를 꺼내지 않았다. '4학년 7반'이면 삶이 크게 커브를 틀 때다. 지나온 삶과 살아갈 삶이 도무지 같지 않다. 땅이 없는 나는 아무 말도 하지 않았다. 사십대 중반으로 접어들면서 용기가 절실해진다. 용기가 있었다면 땅부자 친구들 앞에서 나는 아주 유연했으리라.

이문재 『이문재 산문집』

입학 30주년 기념 동창 모임 전화를 받았을 때 머뭇거렸다. 그리고 그 모임에는 나가지 않았다. 어떻게 변했는지 다들 궁금했지만 세월의 더께 얹은 모습에 내 스스로 위축되었다. 아주 먼 훗날 동창회에 가는 것도 용기를 내야 하는 일이라는 걸 학창 시절에는 짐작이라도 했을까?

억지로 체급 올리고 링 위에 오르는 가련한 권투선수

서른을 넘어서고는 더 이상 자라지 않는 것에 점점 초조해지는 게 꼭 사다리를 타고 한 걸음 한 걸음 위로 올라가는 것만 같았다. 나는 어린아이 그대로인데, '나이'라는 사다리 위로, 또 위로 발걸음을 떼어 오르고 나면 현기증이 일 정도로 내 선 위치, 내 나이가 감당하기 힘들만치 아득했다. 불어나는 체중을 이기지 못해 일단 체급은 올렸으나, 정작 링 위에서 상대의 더 묵직한 펀치에 휘청거려야 하는 가련한 권투선수가 꼭 내 꼴이었다.

김성근 외 등저 『세월은 흐르는 것이 아니라 쌓이는 것이다』 중 권태호 글

서른이 넘으면 친구나 동료 사이에 그동안 잘 보이지 않던 균열이 보인다. 내가 선택한 이 배고픈 직업에 회의가 들 때마다 오랫동안 내 삶은 우왕좌왕했다. 매번 '더 노력하면 나도 잘 될 거야' 하고 상투적인 위로로 나를 달래 온 것은, 가짜인 줄 알면서도 당장 살아야 할 내일의 의욕과 희망 한 줌이 필요했으니까.

삶에 낙심할수록 매일 가파르게 늙는다

아는 사람은 알 것이다. 삶에 낙심한 사람은 매일, 매시간 가파르게 늙는다. 주름이 생기거나 흰 머리카락이 올라와서가 아니다. 얼굴의 윤곽이 느슨하게 벌어지며 눈과 눈 사이가, 뺨과 뺨 사이가, 귀와 귀 사이가 점점 더 넓어진다. 보이지 않는 이음새가 헐거워져 하루가 다르게 넓적한 얼굴로 변하는 것이다. 그리고 남는 단 하나의 표정, 그것은 무뚝뚝함이다.

전경린 『풀밭 위의 식사』

나이 들어서 슬픈 건 젊음이 사라져서가 아니라, 사라지는 젊음만큼 쉽게 삶에 낙심할까봐, 그래서 활기와 긴장감이라곤 없는, 무뚝뚝한 얼굴로 볼품없이 늙어갈까 봐서다.

그토록 달아나고 싶어 안달했던 고향에 돌아오다

아침 여섯 시경 먼동이 트고, 그 희붐한 햇살에 저 멀리 한라산도 시야에 들어오기 시작했습니다. 그렇게 떠났던 고향, 떠나고 싶어 했던 고향에 돌아온 것입니다. 그런데 나는 왜 돌아온 것일까? 앞으로 얼마나 더 살게 될지는 모르지만, 그 얼마간의 세월을 더불어 부대끼며 살다가 죽으면, 그 유골 한 줌 묻히기 위해 이렇게 돌아온 것입니다. 이런 심사 속에는, 그렇게 달아나고 싶어 안달했던 젊은 날의 기억에 대한 뒤늦은 회한도 얼마간 스며 있을 테지요. 나는 고향과 화해를 하고 싶은데, 글쎄요, 고향이 나를 받아줄지, 그건 아직 잘 모르겠습니다.

김석희 『이 또한 즐겁지 아니한가』

내 유년의 기억이 시작되는 곳은 남산 3호 터널 근처에 있는, 지금은 없어진 군인아파트. '찝차'가 들어올 때마다 '아빠다!' 하고 놀던 아이들이 우르르 달려가곤 했다. 가끔 남산 3호 터널을 지나면 내 눈과 마음이 막 바빠진다. 하물며 내가 떠나온 고향과 화해를 위한 투쟁이라면 언제라도 행복하겠다.

나는 너무 오랫동안 울지 못했다

아버지가 첩을 들여
어머니는 쫓겨나고
밤낮없이 꼬집히고 굶던 소년은
눈보라치는 겨울
먼 데 시집간 누나를 찾아 나서는데…
울면서 운전을 한다
마치 내가 그 에프엠 방송 속의 소년인 양
눈물이 볼을 타고 흘러내린다
나는 너무 오랫동안 울지 못했다
어려서부터 울면 지는 줄 알았기 때문이다

이상국 '울면서 운전을 하다'

목감기로 동네 의원에 갔다. 목이 어떻게 아프냐고 묻기에 울고 싶은데 억지로 참을 때처럼 목이 아프다고 말했다. 생뚱맞은 표정의 의사를 난 이해할 수 없었지만 더는 입을 다물었다. 내 안에는 다른 사람의 인생에는 없는 눈물이 질펵한 건 아닐까, 그날 집으로 돌아와서 혼자 끙끙 앓았다.

이놈의 목주름 때문에

종종 노년에 관한 책을 읽는데, 모두들 한결같이 나이 드는 건 멋진 일이라고 찬양한다. 현명하고 슬기롭고 성숙한 인간이 되는 건 근사한 일이라고, 인생에서 뭐가 중요한지 분별할 수 있는 시기에 이르렀다고 늘어놓는다. 도대체 이 작자들은 목도 없나? 목을 감추려고 억지로 입어야 하는 옷들이 지겹지도 않나? 내 인생에서 가장 후회막심한 일, 심지어 이스트 75번가에 있는 아파트를 사지 않은 것보다 더 큰 후회로 남은 건 젊을 때 충분히 시간을 들여 내 목을 애정 어린 눈길로 봐주지 않은 것이다. 그때는 그 싱싱한 목에 대해 감사해야 한다는 생각은 눈곱만큼도 하지 못했다. 당연하게만 생각한 내 몸의 일부를 이제 와서 새삼 이렇게 안타까운 시선으로 보게 될 줄은 꿈에도 생각지 못했다.

노라 에프런『내 인생은 로맨틱 코미디』

싱싱한 목을 감사해 하지 않고 애정 어린 눈길로 봐주지 않으면, 인생에서 가장 후회막심한 일이 될 수 있다는 것, 감사할 시간이 아직 남아 있을 때 알았으니 다행이다.

어쩌다 생활패턴이 10년 전과 똑같을까

다른 메일들도 살펴보았다. 강연, 강연, 원고, 고지서, 일정 조정, 고지서, 원고, 고지서, 일정 조정, 강연… 문득 든 생각. 똑-같-다. 잠시 추억에 잠기려던 내 머리통을 갈긴 것은 '지금과 똑같다'라는 깨달음이었다. 지금 나는 어쩌다 똑같은 생활 패턴이 10여 년이나 유지되었을까? 50살의 나는 이제 새로운 질문을 만든다. 오랜 세월이 내 안에 이미 쌓아놓은 것들도 앞으로 바꿀 수 있을까?

김성근 외 등저 『세월은 흐르는 것이 아니라 쌓이는 것이다』 중 김경훈 글

서랍 뒤로 빠진 수첩을 발견했다. 6년 전이나 지금이나 달라진 게 없어 놀란다. 책쓰기, 소통, 댄스, 단순한 삶은 지금도 'to do list' 항목에 있는 것들이다. 이게 '나'구나, 싶었다. '인생은 이루지 못한 계획과 숱한 결심으로 별까지 걸어가는 것'이란 생각, 그러니 의지박약, 작심삼일의 나를 더는 책망하지 말기로 했다.

50대 어느 가장의 소원

백반집만 내도 식구가 먹고살 수 있었던 시절이 있었다. 몸 안 아끼고 악착 떨며 일하면 이루고 싶은 목표나 희망이라도 품을 수 있는 시절이었다. 13년 융자를 갚긴 했지만 이름자 박힌 집도 가졌고, 차도 가졌다. 지금 생각해도 절로 미소가 떠오르는, 가슴이 뛰고 행복했던 시간이었다. 그렇지만 애들이 살아야 할 세상은 다르지 싶다. 아들이 아무리 노력한대도 제 집을 장만하기란 어려워 보인다. 그런 희망을 품기조차 이제는 불가능해졌다. 결국 벌 수 있는 데까지 벌어먹고 살다, 늘그막엔 손주들이나 봐주고 병들면 집 물려주고 애들 곁에서 죽는 게 소원이다.

송호근 『그들은 소리 내 울지 않는다』

소원이 이렇게 조촐해도 되나, 싶으면서도 애들이 살아갈 세상의 희망 부재를 생각하면 우린 모두 이래저래 별 뾰족한 수 없이 한숨 쉬는 50대들이지 않나. 내가 알던 마법의 요술램프 같은 그런 '소원'의 의미는 사라진 지 오래다.

수십 년 만에 만난 친구가 안부를 묻는 방식

나는 부동산으로 안부를 물어오는 친구에겐, 내가 어떤 꽃나무를 좋아하고 우리 집 좁은 뜰에 무엇 무엇을 심었으며, 그중의 무슨 무슨 나무가 시름시름해 요즘 고민이라는 말을 털어놓고 싶고, '자식'으로 안부를 물어오는 친구에겐 큰애가 연출한 연극 작품들의 경향에 대해 토론하고 싶고, '건강'으로 안부를 물어오는 친구에겐 삶의 유한성이 주는 우리 세대의 존재론적 강박을 어떻게 이겨내야 하는지 상의하고 싶지만, 기회는 번번이 무산된다. 수십 년 만에 만난 친구가 안부를 물어올 때 요구하는 것은 모두 나에 대한 몇몇 단순 정보에 한정되어 있다는 걸 알고 있기 때문이다.

박범신 『산다는 것은』

상투적이고, 들키지 않고, 가식적일수록 성숙한 어른의 언어라는 것, 숱하게 깨지고 나서야 알았다. 그 언어를 열심히 습득하는 중인데, 그렇지 않으면 요즘 유행하는 말로 '진지 빨지 말라'고 타박하기 때문이다.

뼈아픈 후회

슬프다
내가 사랑했던 자리마다
모두 폐허다

완전히 망가지면서
완전히 망가뜨려놓고 가는 것
그 징표 없이는
진실로 사랑했다 말할 수 없는 건지
나에게 왔던 사람들,
어딘가 몇 군데는 부서진 채
모두 떠났다

아무도 사랑해본 적이 없다는 거
언제 다시 올지 모를 이 세상을 지나가면서
내 뼈아픈 후회는 바로 그거다
그 누구를 위해 그 누구를
한번도 사랑하지 않았다는 거

황지우 '뼈아픈 후회'

한때 운동에 열심이었던 친구가 요즘 가장 후회하는 것은 사랑 한번 못 해본 것이란다. 그 쓸쓸한 고백이 내 귀에도 뼈아픈 후회로 남은 것은, 삶 중에서 가장 중요한 삶이 지금 내게 없기 때문일까?

인생, 의미와 무의미의 싸움

지천명과 이순의 나이를 훌쩍 넘긴 나에게 인생이 아직도 의미와 무의미의 거대한 싸움처럼 보인다는 사실만은 확실하게 말할 수 있다. 의미의 보루였던 신과 성스러운 자연세계에 대한 믿음이 무너지고 역사의 폭력과 부조리를 지켜보며 살아야 하는 현대인들은 엄습해 오는 무의미성의 공격 앞에 무력하기 짝이 없다. 황량한 세계에서 운 좋은 사람 몇몇이 발견하는 소소한 행복과 의미는 나에게 별 매력도 위로도 되지 못한다. 이런 까닭에 아직도 나는 '거대 의미'에 대한 미련을 못 버린 채 이렇게 헤매고 있는지 모른다.

길희성 『길은 달라도 같은 산을 오른다』

나도 몇몇 운 좋은 사람처럼 소소한 행복과 성취를 달라고 매달려볼까 하다가도, 수학여행 가다가 죽고, 놀이터에 포탄 떨어지고, 이 파리만도 못한 사람 목숨 보면, 평온무사하고 책 많이 팔리게 해달라는 내 기도가 참 치졸해서, 모았던 두 손도 슬그머니 내린다.

자책이 가장 아픈 나이

페로돈 고개 위의 철동상 순례자들 사이에 껴서 무거운 인생짐을 지고 이 언덕을 넘는 나 자신에게 나는 이렇게 물었다. "무엇이 가장 아픈가? 무엇이 가장 고통스러운가?" 곰곰이 생각해보니 그것은 다름 아닌 자기 자신 때문이었다. 스스로의 자책이 가장 아팠다. 오기인 줄 알면서 고집하며 끝끝내 스스로를 용서할 줄 모르는 내 안의 각박함이 가장 안타까웠다. 정말이지 불쌍한 자신이 거기 있었다.

정진홍 『마지막 걸음은 혼자서 가야 한다』

어떻게 살든지 인생의 후회가 찾아온다면, 그것을 줄일 수 있는 묘책이 있기는 한 건가? 이 자책이란 놈은 워낙 끈덕지고 악착스러워서, 내가 무너지지 않으려면 너그럽게 나를 용서해야 하는데, 쉬운 일은 아니니 헤세의 다짐처럼 인생을 욕하지 않고 그냥 걸어가는 게 상수다.

이념에 얽매이지 않고 나를 위해 살고 싶다

여태껏 오로지 남을 위해서 산 건 결코 아니었다. 세상을 위해 살았다고 주장할 생각도 없다. 그러나 나를 위해, 내 자신의 행복을 위해 사는 인생은 훌륭할 수 없다는 관념에 눌려서 산 것만은 사실이다.

그래서 내가 어떤 삶을 진정 원하는지 깊이 들여다보질 않았다. 행복을 느낄 때마다 누구에겐가 잘못을 저지르는 것 같았다. 생각해보면 꼭 그래야만 할 이유는 없었다. 내가 괴로워한다고 해서 누군가 더 행복해지는 것도 아니었다. 내게는 내가 원하는 대로 살 권리가 있다. 이제부터라도 남의 시선을 의식하지 않고, 그 어떤 이념에도 얽매이지 않고, 내 마음이 내는 소리에 귀 기울이면서 떳떳하게 그 권리를 행사하고 싶다. 좋아하는 일을 하면서 기쁘게 살고 싶다.

유시민 『어떻게 살 것인가』

난 무슨 어제로 어떤 내일을 엮어갈까

탁월한 번역가이자 작가인 고 이윤기 선생의 『시간의 눈금』이란 책에 나오는 말이다. “변하지 않는 것은 ‘오래된 미래’이기도 하고 장차 올 미래이기도 하다. 예스터-모로(yester-morrow). 어제와 내일이 혼재하는 시제를 나는 살고 싶어 한다. 그렇게 살면서 어제와 내일의 이음새가 되고 싶다.” 어제에 집착할 것도 아니요, 내일을 기다릴 것도 아니며, 순간에 머물 것도 아니니 어제와 오늘의 이음새가 되고자 한다는 말이다. 오랫동안 신화와 문명을 탐구해온 작가의 탁견이다. 예스터-모로! 난 무슨 어제를 가져와 어떤 내일을 엮어갈 것인가. 아, 시간은 째깍째깍 가는데 사념은 갈수록 무뎌진다.

김성근 외 공저 『세월은 흐르는 것이 아니라 쌓이는 것이다』 중 박창희 글

나이가 들면 인생 경험이 쌓이면서 똑똑해지는 줄 알았다. 적어도 나는 아니다. 내 과거에서 무엇을 배울 수 있을까를 고심하는 요즘의 내가 품어야 할 질문, 나는 무슨 어제를 가져와 어떤 내일을 엮어갈 것인가?

허리 휘고 기둥뿌리 뽑혀도

뒤늦게 발동이 걸린 큰딸이 미국 유학을 감행하고 작은딸이 대학에서 스펙을 착실히 쌓고 있는 한, 1년 3000~4000만 원에 달하는 교육비가 뭐가 대수랴 싶은데, 가끔 소주 한잔으로 피곤한 심신을 살살 달래며 얼른 끝나기를 고대하는 자신을 발견한다. 나는 자랑스런 조선의 후예다! 아니면, 나는 미련한 베이비부머다! 허리가 휘는 교육 지옥을 벗어나면 기둥뿌리 뽑는 결혼 지옥이 기다리고 있을 것이다. 아, 즐거운 50대여!

송호근 『그들은 소리 내 울지 않는다』

내 형제들은 모두 50대다. 한동안 과외니, 성적이니 자식 교육 얘기가 주를 이루더니 요즘은 자식 취업과 결혼에 걱정이 많은 모양이다. 이 나라 현실을 원망했다가, 남의 자식농사 부러워하다가, 늦도록 소주잔이 오간다. 이 대한민국에서 베이비부머가 부모로 살아가려면 자식 뒷바라지를 위해 감수해야 할 그 지옥들은 기본 사양이겠지.

이삿짐 싸고 푸는 내가 한심해

반 고흐처럼 무모하며, 사는 데 서툰 나는 일정한 거처 없이 오래 방황했었다. 생애 처음 수도권에 장만한 서민아파트를 대출금 이자가 부담스러워 팔고 멀리 이사하던 날, 버스 안에서 원고 청탁 전화를 받았다. 전시회를 보고 글을 쓰라니, 예술을 향유할 처지가 아니지만, 짐을 다 풀기도 전에 서울행 열차에 올랐다. 삼십 대를 하릴없는 여행으로 낭비하지 않았다면, 중년의 문턱에서 밤낮으로 집 걱정 따위는 하지 않을 텐데. 1년이 멀다고 이삿짐을 싸고 푸는 내가 한심해, 미쳐서 스스로 목숨을 끊은 화가만큼이나 불쌍해, 이 엉성한 글의 제목을 정했다.

최영미 『길을 잃어야 진짜 여행이다』

서른을 앞두고, 결국 우리도 이렇게 끝나는 거야, 자조할 즈음에 읽었던 최영미 시집 '서른 잔치는 끝났다'는 거의 성경 수준이었다. 그녀의 고뇌와 예술, 방랑벽을 부러워했던, 한때 우리의 영웅(?)도 지금은 젊은 날을 후회한다. 나만의 별을 꿈꾸기란 이렇게도 어려운 일인가?

비디오를 보는 한 '쉰 시인'

최근에 한용운의 시를 읽다가 '바쁜 것이 게으른 것이다'라는 문장 앞에서 숨이 컥, 하고 막힌 적이 있다. 이 한 문장 때문에 나는 회사에 휴가원을 내고 사흘 동안 집 안에 틀어박혀 밀린 잠을 잤다. 어느 정도 잠을 벌충한 다음, 호텔이나 동해안으로 갈 수 없는 궁핍함과 분주함을 한탄하면서, 그 한탄을 무마시키기 위해 내가 나를 위해 할 수 있는 최선의 배려는 비디오테이프를 몇 개 빌려 오는 것이었다. 내 몸과 마음은 좋은 책을 읽을 만큼 청결하지 못했던 것이다. 청명한 초가을 대낮, 지난여름 오존 주의보가 자주 발령되던 서울 동북부 노원구의 한 아파트 15층에서 비디오를 보는 한 '쉰 시인.'

이문재『이문재 산문집』

청명한 초가을 한낮, 비디오를 보는 '쉰 시인'에게서 삶을 어쩌지 못하는, 눈물겨운 탄식이 들린다. 쉰 살 중년의 삶이 눈물겨운 것은 호텔이나 동해안으로 갈 수 없는 궁핍함과 분주함 때문이 아니라, 그런 자신을 위해 무엇이라도 하는 고귀한 존재여서 더욱 그렇다.

지면서 살아간다

선부르게
이기려는 흉내 내면서
이만큼 올라왔다.
발아래
자욱한 눈물 천지
빈 가지
눈 맞고 선 나무들
지면서 살아간다.

고광헌 '마흔'

그동안 어울리지 않는 옷을 끼워 맞춰 입고 살아온 건 아닐까, 자꾸 드는 생각이다. 내 미소도 더 얻기 위한 비굴한 웃음은 아니었을까, 내 쌀쌀맞은 강한 '척'도 섣부르게 이기려는 흉내밖에 아니었을까, 자꾸 돌아봐지는 지난 날 곳곳에 눈물 자욱하다.

내 인생에서 시작이 순조로웠던 적은 없었다

돌이켜보면, 내 인생에서 시작이 순조로웠던 적은 없었다. 학생 시절, 간호사 시절, 심사평가원 시절, 습작 시절… 인생의 새 관문으로 들어설 때마다 통과의례를 유별나게 치렀다. 신세계에 안착하기까지 남보다 두 배쯤 시간이 걸렸다. 좌충우돌을 일삼다 끝내 적응에 실패한 경우도 여러 번이었다. 대표적인 실패가 5년 남짓한 간호사 생활이었다. 그런 이유로 낯선 세계를 그리 좋아하지 않았다. 이 나이가 돼서야 세상 밖으로 나온 건 비단 바빴기 때문만은 아니었다. 무의식적인 두려움도 한몫했을 터였다. 내게 있어 새로운 세계로 들어선다는 건 '깨진다'와 동의어였으므로.

정유정 『히말라야 환상방황』

뭐든지 가르쳐줘야만 아는 사람이 이런 글을 읽으면, 나만 깨지는 게 아니구나, 무능과 불운 탓이 아니라고 안심이 된다. 더불어 재능보다 노력이 이긴다는 것을 믿는 데도.

나는 실패투성이 인간이지만

조용한 시간, 내 마음 깊은 곳의 소리를 듣는다.

'지금 이대로 괜찮은 걸까?' '나, 어떻게 살아야 하나?'

나는 실패투성이 인간이고 앞으로도 패배할 수밖에 없는 운명이겠지만, 내가 정의하는 실패는 단 하나다. 인생에서 진정한 나를 찾아 살지 못하는 것! 진정으로 나를 살지 못했다는 두려움에 비하면 죽음의 두려움조차 아무것도 아니다.

박노해 『다른 길』

'마흔다섯 살 생일 이후 내가 겪은 가장 놀라운 사건은, 늙음이었다' 던 혁명가 레온 트로츠키의 마음도 이랬을까? 진정으로 나를 살지 못했다는 후회가 본격적으로 시작되는 건 아마도 삶의 진실과 따로 놀지 말라는 경고일지도 모르겠다.

진보하거나 추락하거나

인생이 어느 정도 나이가 되면 진보하거나 추락하거나 둘 중 하나밖에 없는 것 같더라고요. 앞으로 나아가거나 추락하거나 제자리에 머무는 것도 힘든 것 같아요. 그런 게 무섭죠. 가장 좋은 방법은 좋은 책 읽고, 기도하고 그런 것 같아요. 내 힘으로 안 되는 일이 참 많다는 것을 인정하는 것 자체가 사람을 참 편안하게 해주는 것 같아요.

공지영 『괜찮다, 다 괜찮다』

지금 내 인생이 제자리에 머문다고 생각했던 시간이 한참 시간이 지난 후에 추락이었음을 알게 될 때 참 낭패스러웠다. 지금도 '제자리 중'일 거라고 생각하는 한편으로 혹시 추락중이 아닐까, 무서울 때가 있다.

그립긴 하지만 되돌아가진 않겠습니다

다시 젊어져서 처음부터 인생을 다시 시작할 수 있다면, '다시 시작하겠습니까' 하는 질문을 받는다면, '아뇨, 됐어요.'라고 대답할 것이다. 그런 무서운 짓은 두 번 다시 하고 싶지 않다. 농담이 아니다.

무라카미 하루키 『샐러드를 좋아하는 사자』

물론 풋풋하고 눈부신 젊음이 좋긴 하지만, 지금의 고단함을 견디는 게 더 나을지도 모른다. 되돌아가지 않겠다는 하루키 생각에 동감.

남은 인생, 글 쓰며 살 수 있을까

직장을 그만두고 그렇게 힘들었던 글쓰기였고 거기에서 놓여난 것이 기뻤지만 글을 안 쓰고 사는 인생을 생각해본 적이 없어서인지 그것에 적응되는 데는 시간이 걸릴 것 같았다. 한 1년쯤은 책만 열심히 읽고 여행을 다니자 했는데 불끈불끈 글을 쓰고 싶은 생각이 드는 것은 어쩔 수 없었다. 주변사람들의 권고도 있고 해서 토지문학관의 문을 두드렸다. 내가 그렇게 싫어하면서도 또 그렇게 미련이 있는 글쓰기를 앞으로 남은 생애 동안 하고 살 위인인지 아닌지를 시험해보고 싶어서였다.

김선주 『이별에도 예의가 필요하다』

출판 일을 하고 있으니 필자들의 글쓰기 고충을 누구보다도 많이 듣는다. 그럼에도 늘 그들은 말한다. 신기하게도 탈고할 즈음이면 다시는 그 힘든 노동을 하지 않겠다고 벼르던 마음이 슬그머니 사라진다고. 나도 내가 글 쓸 위인인지. 아닌지를 어떻게 알아볼 수 없을까?

알지 못해서 몰랐던 게 아니라

피는 꽃이 좋았던 시절에는 그 꽃잎들이 지는 걸 굳이 지켜보지 않았다. 하지만 어느 틈엔가 나도 나이가 들고 이제는 지는 꽃은 모두 화려한 옛 시절을 품고 있다는 걸 알게 됐다. 여전히 우리에게는 떨어지는 꽃잎 앞에서 배워야 할 일들이 남아 있다. 어쩌면 인생이란 그런 것일지도 모르겠다. 알지 못해서 몰랐던 게 아니라 내 일이 아니라고 생각해서 모르는 척했던 일들을 하나하나 배워가는 것. 내년이면 나는 또 어떤 '낙안성도 낙화소식'에 귀가 뚫릴는지.

김연수 『청춘의 문장들+』

3장

그래서 늘,
인생은 어느덧
지나가니까

인생이 너무 빨리 지나간다. 바뀌는 계절 속을 여유로이 걷지도 못하고, 아름다운 순간을 음미하지도 못하고, 대지에 나무 한 그루 심지도 못하면서 나는 너무 빨리 삶을 지나치고 나를 지나쳐 왔다. '인생이란 세월에 얹혀 흘러가는 것', 그래서, 늘 인생은 어느덧 지나가니까.

맑은 영혼이 남아 있기를

영악스럽지는 못했지만 이 세상에서 반인간의 수상쩍은 기미를 알아챌 수 있는 맑은 영혼이 남아 있기를 바랐다. 불의를 감지하지 않을 수 없었고 '무모한 저항'에서 벗어나지 못했다. 그렇게 자신을 위해 살았다. 영혼을 떠나보내지 않고, 그래서 아픔은 있었지만 후회는 없다. 충분히 공부하지 못한 아쉬움은 죽는 순간까지 계속 남을 것이지만.

홍세화 『생각의 좌표』

알랭드 보통은 "많은 아름다운 것들은 고통과 대화할 때 그 가치가 드러난다."고 말했다. 지금도 그렇지만 청춘 시절에도 나밖에 몰랐던 내 오만과 무지 앞에 정의가 있을 리 없었다. 야학과 농활에 같이 가자는 권유도 뿌리치고, 어려운 친구의 고통을 외면했다. 내 앞에 놓인 거대한 실존에 허덕이느라 사네, 마네 했다. 그래서 집단적 성찰을 통해 성장하지 못한 아쉬움은 해가 갈수록 커진다. 젊은 날 아픔은 있지만, 나만을 위해 살진 않았다, 라고 회상할 수 있는 삶, 내가 다시 청춘으로 돌아간다면 그렇게 살아보고 싶다.

이제는 예전처럼 거리에서 울고 다니지 않는다

웃고 있다 배고플 땐 몰라도 울고 있는데 배가 고파지면 어쩐지 기필코 먹어야겠다는 의지가 있다. (…) 예전과 달리 이제 나는 거리에서 울고 다니지 않게 되었다. 눈물이 날 것 같으면 왼쪽 위, 허공을 쳐다보곤 잽싸게 오른쪽 대뇌반구에게 멈춰! 명령한다. 그러고는 숨을 크게 들이쉬고 내쉰다. 밥을 먹기 위해 식당가로 걸음을 옮긴다. 씹는 행위가 눈물을 멈추게 한다는 것도 이젠 안다. 정 안 되면 가방 속에서 검은 선글라스를 꺼내 쓴다. 그러면서, 감정을 통제하면서, 어쩌면 순정을 잃고 나는 여기까지 왔는지 알 수 없다.

조경란 『백화점』

삶의 진실은 이런 데도 있지 않을까? 웃픈 이야기지만, 울다가 배고프면 비장해지는 순간이 있다. 그때 벌떡 일어나서 뭐라도 먹는 이유는 씹다보면 눈물이 멈추기도 하지만(물론 다 그런 건 아니다.) 잠깐일지언정 다시 시작해보리라, 하는 마음이 생기기 때문이다.

군대 화장실에서 읽던 편지들

나는 잊지 못한다. 군대 초년병 시절, 내 앞으로 온 연극부 여선배의 편지를 읽을 데가 없어, 주머니에 넣었다가 그 날 밤, 화장실 뒤에 쪼그려 앉아 달빛 아래서 읽던 그 편지. 모눈종이 위에 만년필로 쓴, '문재야, 잘 있니'라고 시작하던 그 편지, 나는 잊지 않을 것이다. 아, 그 많은 편지들은 다 어디로 갔을까. 누군가의 눈물과 함께 불태워졌을 그 편지에 담겼던 언어들은 지금 어디쯤 떠돌고 있을까.

이문재 『이문재 산문집』

군인의 유일한 낙이 여친 편지 기다리는 거라는데, 그때도 미련해서 그 정도쯤이야, 이틀마다 편지와 공중전화 카드를 빨간 우체통에 넣었다. 두세 장에 걸쳐 빼곡하게 채워진 그 많은 언어들은 다 어디로 갔을까. 간단한 메모조차 귀찮은 지금에 비하면 거의 신기에 가까운 이 놀이도 그 잘난 '사랑'의 힘이었지 싶다.

이 봄 아쉬워 어찌 보낼까

엊그저께 봄이 왔구나, 한 것 같은데 벌써 봄의 끝자락에 서 있습니다. 참 세월이 빠르긴 빠른 것 같습니다. 세월을 지나가는 꽃나무 몇 그루 앞에 서서 마음 환해지는 빛을 좀 들이고 복사꽃 필 무렵에 제일 맛 난다는 살 볶은 숭어회 몇 점 먹은 게 전부인 것 같은 이 봄 아쉬워 어찌 보내야 할까요. 나를 지나간 이 봄, 내가 지나온 이 봄, 잘 가요, 안녕.

함민복 『길들은 다 일가친척이다』

내게 학창시절의 봄은 '최루탄'이었고, 몇 번의 연애가 깨진 것도 봄이었다. '너무 울어서 텅 비어버린 매미허물'처럼 내 봄은 늘 헛헛했다. 꼭 그 때문은 아닐지도 모른다. 저 혼자만 눈부신 봄의 정서에 어울릴 만한, 혹은 환한 봄볕에도 꿀리지 않을 만한 명랑성이 내겐 부족했다. 벚꽃놀이나 봄나들이 몇 번으로 이 환장할 계절을 대신할 일도 아니었다. 그러나 가을에 나는 달라진다. 쇠락하는 가을을 누르고 맹렬한 삶의 의욕으로 충전된다. 내게 봄은 최대한 몸을 낮추어, 아름답게 지나가는 것을 지켜보는, 관조의 계절이다.

인생, 산노루처럼 쓸쓸하다는 말

인생이란 사람이 살았다는 말
눈 맞는 돌멩이처럼 오래 견뎠다는 말
견디며 숟가락으로 시간을 되질했다는 말
되질한 시간이 가랑잎으로 쌓였다는 말
연애도 했다는 말
여자를 안고 집을 이루고
자식을 얻었다는 말
그러나 마지막엔 혼자라는 말
그래서 산노루처럼 쓸쓸하다는 말

이기철 '인생'

그래서 인생이란 눈 맞는 돌멩이처럼 오래 견디고, 숟가락으로 되질한 시간에 얹혀 흘러가는 것. "평생을 산다는 것은 걸어서 별까지 가는 것"이란 반 고흐의 말처럼.

내가 가장 순수했던 순간을 회상하고 싶을 때

나한테도 첫 집회가 있었고, 첫 가투가 있었으며, 처음 던진 돌이 있었다. 생애 첫 집회, 나한테 그건 어떤 의미였을까? 솔직히 생각하면, 그건 그냥 젊은 날의 치기였을지도 모른다. 그러나 그 순간만큼은, 내가 진짜 순수했었지… 하고 그 마음을 느끼곤 한다. 내가 가장 순수했던 순간을 회상하고 싶을 때, 나는 내가 처음 집회에 나가던 순간의 심정을 떠올리곤 한다. 내가 나만을 위해서 살지 않았다는 걸 생각할 때마다 가끔씩 돌아가 보는 그 첫 순간들. 먹고사는 것, 그게 삶의 전부는 아니다.

우석훈 『1인분 인생』

그때는 살벌했다. 가투를 위해 보도블록 깨기는 기본이고 화염병도 머리 위로 휙휙 날아다녔다. 그래도 시위 학생을 잡아가는 전경을 가로막고 나부터 잡아가라고 나서는 아줌마가 있었고, 이에 합세하는 어른들이 늘 계셨다. 험악한 세월이었지만 우리 모두는 순수했다. 언제든 순수와 열망은 힘이 세지 싶다.

설. 레. 이. 고. 싶다

'봄날은 간다'를 보면서 사랑이 변하니 마니 하는 대사보다 사랑에 빠진 두 젊은 주인공의 사랑놀이가 무척이나 부러웠던 거다. 오지 않는 핸드폰을 만지작거리고, 술 마시다 밖에 나가 전화질을 하고, 강릉까지 한걸음에 달려갈 수 있는 그 싱그러운 열정이 못 견디게 부러웠던 거다. 딱 내 이십 대 때의 모습.
누군가를 그리며 두근두근 가슴도 뛰고, 질투도 느끼고, 소유하려고도 하고, 유치하게 삐지기도 하는 그거, 혹 전화라도 올까봐 화장실까지 핸폰을 들고 가는 그런 감정에 빠져보고 싶다고. 아니. 그런 느낌이 과연 아직도 내 마음속에 살아 있기나 한 건지 확인하고 싶다고.
설. 레. 이. 고. 싶다.

윤용인 『어른의 발견』

내 청춘의 사랑은 번번이 폭격 맞은 폐허였다. 깨질 때마다 거울에 비친 웬 등신, 죽도록 한심했고 미웠다. 내게 다시 그런 사랑이 온다면, 그 가슴 뛰고 격한 감정의 소용돌이를 쿨한 척, 세련되게 잘 지나갈 수 있을 텐데… 이 역시 부딪쳐봐야 알겠지만.

첫눈 오는 날 만나자

사랑하는 사람들만이 첫눈을 기다린다
첫눈을 기다리는 사람들만이
첫눈 같은 세상이 오기를 기다린다
아직도 첫눈 오는 날 만나자고 약속하는 사람들 때문에
첫눈은 내린다.

정호승 '첫눈 오는 날 만나자'

아주 오랫동안 짝사랑하던 시절이 있었다. 신기하게도 첫눈이 오는 날은 만나자고 말할 용기가 생기는 거다. 신촌 어느 골목 공중전화 부스에서 다이얼 돌릴 때의 그 가슴 터질 듯한 떨림이라니… 아직도 내게 첫눈은 저릿한 떨림으로 내린다. 이게 다 지독한 간절함으로 남은 내 짝사랑 때문이다.

헤어진 옛사랑이 생각나거든

헤어진 옛사랑이 생각나거든 책상에 앉아 마른 걸레로 윤이 나게 책상을 닦아내고 부치지 않아도 괜찮을 그런 편지를 쓴다면 좋겠습니다. 그때 미안했다고. 하지만 사랑했던 기억과 사랑받던 기억은 남아있다고. 나쁜 기억과 슬픈 기억도 다 잊은 것은 아니지만 그 나쁜 감정은 기억나지 않는다고, 다만 사랑했던 일과 서로를 아껴주던 시간은 그 감정까지 고스란히 남아서 함께 바라보던 별들과, 함께 앉아 있던 벤치와, 함께 찾아갔던 산사의 새벽처럼 가끔씩 쓸쓸한 밤에는 아무도 몰래 혼자 꺼내보며 슬며시 미소 짓고 있다고, 그러니 오래도록 행복하고 평안하라고.

공지영 『빗방울처럼 나는 혼자였다』

헤어진 옛사랑이 생각나면 나는 가장 예뻤던 그 순간만 생각하고, 사랑했던 기억만큼은 내 것으로 남아 있으니 다행이라 생각한다. 딱 거기까지다.

눈물이 아잉 기 어딘노

니도 더 살아보면 알까지만
이 세상만사 눈물이 아잉 기 어딘노.
슬프다케서 우째 다 우노.
이 많은 세상을,
눈물은 세상에서 가장 아늑한 위안,
난 이 나이까지 속으로 속으로 숨어서
그걸 살아왔니라.

조병화 '눈물'

'누구나 가슴 속에 하나씩 절벽은 있다'고, 사람들은 몰래 숨어서 다 운다. 나도 잘 울지만, 눈물이 '세상에서 가장 아늑한 위안'인 것을 이제 조금은 안다. 울고 난 후의 나는 '조금 전의 나'가 아니다.

산다는 건 늘 뒤통수를 맞는 것

어머니가 말씀하셨다
산다는 건 늘 뒤통수를 맞는 거라고
인생이란 놈은 참으로 어처구니가 없어서
절대로 우리가 알게 앞통수를 치며 오는 법은 없다고
나만 아니라 누구나 뒤통수를 맞는 거라고
그러니 억울해 말라고

어머니는 또 말씀하셨다
그러니 다 별거 아니라고
하지만 그건 육십 인생을 산 어머니 말씀이고
아직 너무 젊은 우리는 모든 게 별일이다

노희경 『지금 사랑하지 않는 자, 모두 유죄』

그러니까 소설가 박민규의 말처럼 "인생을 알고 나면, 인생을 살아갈 힘을 잃게 된다. 몰라서 고생을 견디고, 몰라서 사랑을 하고, 몰라서 자식에 영영하고, 몰라서 열심히 살아가는 것." 늘 뒤통수를 맞으면서.

집은 아직 따뜻하다

흐르는 물이 무얼 알랴
어성천이 큰 산 그림자 싣고
제 목소리 따라 양양 가는 길
부소치 다리 건너 함석집 기둥에
흰 문패 하나 눈물처럼 매달렸다
나무 이파리 같은 그리움을 덮고
(…)
저 만리 물길 따라
해마다 연어들 돌아오는데
흐르는 물에 혼은 실어보내고 몸만 남아
사진액자 속 일가붙이들 데리고
아직 따뜻한 집
어느 시절엔들 슬픔이 없으랴만
늙은 가을볕 아래
오래 된 삶도 짚가리처럼 무너졌다
그래도 집은 문을 닫지 못하고
다리 건너오는 어둠을 바라보고 있다

이상국 '집은 아직 따뜻하다'

엄마의 늙은 집에는 자식들의 졸업 사진과 칠순 기념사진이 걸려 있다. 내가 태어나기도 전인 장교 시절의 젊은 아버지 사진과, 선글라스 끼고 하얀 원피스 입은, 젊은 엄마 사진도 있다. 그 젊은 사진들은 돌아가신 아버지와 여든을 한참 넘으신 엄마에게는 '눈물 나게 아름다운 이승의 한 컷'일 것이고, 내게는 편히 쉴 수 있는 팔걸이의자 같은 편안한 집이 될 것이다. 집은 아직 따뜻하다.

'거울 앞에 선 누님' 같은 마음

꽃이 아름다운 걸 이제야 안 느낌이 든다.

젊은 시절이라고 왜 꽃이 아름답지 않겠는가마는 가파른 시절의 소란스런 세상 속을 지나와 이제 '거울 앞에 선 누님' 같은 마음으로 보니 이름 모를 풀꽃 하나, 속살이 터오는 새순 하나가 모두 눈으로 보는 게 아니라 가슴으로 사무쳐 들어온다. 제 생(生)의 빛깔에 맞추어 화려하지 않은 것 없고 눈물겹지 않은 것이 없다.

박범신 『산다는 것은』

'거울 앞에 선 누님' 같은 마음은 보이지 않던 꽃이 보이는 마음. 추운 겨울, 따뜻한 집안에서 눈 내리는 풍경을 보는 마음일 것이고, 소란한 세상을 지나온 자에게 여기까지 오느라 수고했다고 등 두드려주는 마음일 것이다. 또 작지만 넉넉하게 살자고 푸근한 미소로 달래주는 마음일 것이라고 생각해본다.

모든 집에서는 슬픈 냄새가 난다

집은 유리창처럼 성격이 급하기도 하고 양철 지붕처럼 수다스럽기도 하다. 그러나 그런 지붕을 떠받치고 있는 것은 주춧돌 같은 슬픔이다. 모든 집에서는 슬픈 냄새가 난다.

집은 기다림이다.

집은 힘이 세다.

함민복 『길들은 다 일가친척이다』

요즘 육아를 다룬 예능 프로그램에서 고개도 가눌지 못하던 아기가 어느새 직립 보행을 하고, 제법 말도 알아듣는 걸 보면, 그 빠른 성장에 감탄한다. 이렇듯 타인의 소소한 가정사를 보고 있자면, 나도 저렇게 자랐을 것이고, '집'은 우리의 모든 기쁨과 눈물, 사랑과 한숨 소리를 기억하고 있겠구나, 생각이 든다.

살다보면 외로움이 깊어지는 시간이 있다

나는 인생이 아름다운 것은
우리들 삶의 한 골목골목 예정도 없이 찾아오는
외로움이 있기 때문이라고 믿는 사람이다.
외로움이 찾아올 때
사실은 그 순간이 인생에 있어 사랑이 찾아올 때보다 귀한 시간이다.
쓴 외로움을 받아들이는 방식에 따라
한 인간의 삶의 깊이… 삶의 우아한 형상들이 결정되기 때문이다.

곽재구 『곽재구의 포구기행』

나이 든 사람의 외로움에는 다른 감정들이, 가령 서글픔, 소외감, 그리움 같은 것들이 묻기 마련이다. 청춘의 순도 높은 외로움과 달리 인생의 근본을 묻는 듯한 외로움은 무겁고 깊다. 그래서 살다보면 외로움이 깊어지는가 보다. 오랫동안 외로움을 사치라고 생각해왔던 내가 '그때 내가 많이 외로웠구나' 하고 새로 알게 될 때마다 쓸쓸해진다.

정말로 버리고 갈 것만 남아서 참 홀가분하셨습니까?

얼마 전 찾아뵌 통영의 박경리 선생의 묘지 앞에 쪼그려 앉아 물었다. "선생님, 죽음이 가까워질 때, 정말로 '버리고 갈 것만 남아서 참 홀가분하'셨습니까?" 아직 선생의 연세에 이르지 않아 단정할 일은 아니지만 내 경우 나이가 들면서도 '참 홀가분'해지지 않으니 마음이 늘 무겁다. 시간을 견뎌내는 일만 해도 그렇다. 날이 갈수록 홀가분해지기는커녕, 내게 늙는 일은 너그러운 평화보다 고절(孤絶)함을 피어리게 이겨내야 하는 투쟁에 가까운 일이다. 선생께서 혹시 마지막 '뻥'을 치셨나 하는 의심이 들 때도 있다. 그러나 아무리 생각해도 선생은 '뻥'칠 분이 아니니, 내 경지가 아직 선생의 수순에 도달하지 못한 것일 게다.

박범신 『산다는 것은』

아마 나의 늙음도 너그러운 평화는 아닐 듯하다. 고절함을 피어리게 이겨내야 하는, 나약한 존재의 불안에 맞서기 위한 투쟁에 가까운 일이 될 가능성이 많다.

봉선화 물들인 손톱과 첫눈

누이와 누이 친구들은 초저녁에 모여 봉선화물을 들였다. 꽃잎과 얼음 쪼가리처럼 생긴 백반을 넣고 빻았다. 누이가 내 새끼손가락에도 봉숭아 찧은 꽃잎을 올려놓고 아주까리 잎으로 감싼 다음 광목실로 동여매주었다. 잠에서 깨어나 봉선화물이 잘 들었나 손가락을 살펴보는 순간 나는 실망하며 내 험한 잠버릇을 원망했다. 내 손가락이 아닌 베개가 봉선화에 물들어 있었다. 그때 나는 어려 첫사랑이 무엇인지는 몰랐지만, 첫눈 오는 날까지 베개에 물든 봉숭아물은 지워지지 않을 것 같았다. 베개는 첫사랑을 이룰 것 같았다.

함민복 『길들은 다 일가친척이다』

여고시절, 여름방학이 끝나고 개학날, 오랜만에 보는 급우들의 손톱색이 제각각이다. 첫눈이 올 즈음이면 손톱 끝에 봉선화물이 살짝 남아 있는 친구들도 있었지만 첫사랑이 이루어지진 않았다. 첫사랑이라고 해봤자 총각 선생님 아니면 교회 오빠였는데, 그때쯤이면 다들 시들해졌다. 짧아지는 손톱만큼 우린 어른의 세계로 넘어가는 다리를 성큼성큼 건너갔겠지.

나는 나를 지나쳐왔다

인생이 너무 빨리 지나간다
나는 너무 서둘러 여기까지 왔다
여행자가 아닌 심부름꾼처럼
계절 속을 여유로이 걷지도 못하고
의미 있는 순간을 음미하지도 못하고
만남의 진가를 알아채지도 못한 채
나는 왜 이렇게 삶을 서둘러 멀어져 왔던가

달려가다 스스로 멈춰서지도 못하고
대지에 나무 한그루 심지도 못하고
아닌 건 아니라고 말하지도 못하고
주어진 것들을 충분히 누리지도 못했던가

나는 너무 빨리 서둘러 왔다
나는 내 삶을 지나쳐 왔다
나는 나를 지나쳐 왔다

박노해 '나는 나를 지나쳐왔다'

4장

이것을 알기 위해
일생을 허위허위
달려오는 것일까

아직도 삶에서 경이로운 것은 그토록 많았던 슬픈 저녁들은 잊혀지지만 어느 행복했던 아침은 결코 잊혀지지 않는다는 것, 육신이 늙어갈수록 눈길과 마음에 닿은 모든 것이 경이롭고 신선해지며, 평범한 나날들의 사소한 변화들이 기적의 연속임을 진실로 깨닫는 것, 이것을 알기 위해 일생을 허위허위 달려오는 것은 아닐까?

인생은 '좋았다가 무덤덤, 나빴다가 무덤덤'

살아보니까 인생의 그래프는 나선형에 가까운 진행이다. 말하자면 '좋았다가 무덤덤, 나빴다가 무덤덤'의 무한반복. 이건 지난 15년 동안 어떻게 하면 소설을 더 잘 쓸 수 있을까를 고민하다가 도달하게 된 결론이기도 하다. 핵심은 '기승전결'에 있다. 그러니까 일단 발단하면 우리 인생사는 스스로 전개되고 절정에 올랐다가 결말에 이른다. 그렇다면 소설도 마찬가지다. 그게 어떤 소설이든 책을 펼치면 적어도 50쪽 안에서는 발단하게 돼 있다. 일단 발단하게 되면 이야기는 '좋았다가 무덤덤, 나빴다가 무덤덤'을 반복하면서 기승전결의 기나긴 길을 밟아가게 되는 것이다.

김중혁 『뭐라도 되겠지』

인생 뒤집기, 한 판을 위해 어떤 날은 용감했다가, 어떤 날은 찌질했다가. '좋았다가 무덤덤, 나빴다가 무덤덤'을 오가면서 내 인생은 앞으로 나아가고 있다고 믿는다.

노인은 자연일 뿐이다

늙는 것은 용서할 수 없는 '범죄'가 아니다, 라고 나는 말했다. 노인은 '기형'이 아니다, 라고 나는 말했다. 따라서 노인의 욕망도 범죄가 아니고 기형도 아니다, 라고 또 나는 말했다. 노인은, 그냥 자연일 뿐이다. 젊은 너희가 가진 아름다움이 자연이듯이, 너희의 젊음이 너희의 노력에 의하여 얻어진 것이 아닌 것처럼, 노인의 주름도 노인의 과오에 의해 얻은 것이 아니다, 라고 소리 없이 소리쳐, 나는 말했다.

박범신 『은교』

아나톨 프랑스는 "만약 내가 신이었다면 나는 청춘을 인생의 끝에 두었을 것"이라고 말했다. 그렇게만 된다면 인생의 잠깐인 청춘을 말아먹을 일도, 젊음을 주체 못할 일도 없겠고, 늙음을 추하고 끔찍하게 생각할 일도 없을 텐데.

나이 들어가는 여자

그녀는 거울 속의 자신을 보았다. 빛은 부드러웠다. 턱 근처의 점이 더 진해졌다. 얼굴의 주름은 더 이상 잠정적이지 않았다. 이제 나이가 들어 보이는 것이 확실했다. 사랑 대신 존경을 받을 나이였다. 허영을 키우고 잡지책을 넘기던 시절을 지나, 부러움을 받던 세상에서 더 넓고 더 고요한 세상으로 순례를 해온 것이다. 여행자처럼 할 얘기가 많았지만 말로 할 수 없는 것들도 많이 있었다.

제임스 설터 『가벼운 나날』

나이 든 여자의 관심은 남자가 아니라 다른 동년배 여자다. 나보다 주름살은 없는지, 염색은 했는지, 살은 얼마나 쪘는지를 보는 거다. 그렇게 비교하면서 내가 저보단 낫지, 하고 적이 안심한다. 여자들은 다 그렇게 늙어간다.

우주에 소원을 말하는 방식

20대가 지난 뒤에야 나는 어떤 사람이 아니라 어떤 일을 하는 사람이 되기를 원해야만 한다는 걸 깨달았다. 그제야 나는 최고의 작가가 아니라 최고의 글을 쓰는 사람이 되기를 원하기 시작했다. 최고의 글을 쓰는 사람은 그다지 어렵지 않다. 매일 글을 쓰기만 하면 된다. 마찬가지로 마라톤 완주가 아니라 매일 달리기를 원해야만 한다. 마라톤을 완주하느냐, 실패하느냐는 내가 어떻게 할 수 있는 문제가 아니다. 하지만 매일 달리는 것은 내가 할 수 있다. 할 수 없는 일을 해낼 때가 아니라 할 수 있는 일을 매일 할 때, 우주는 우리를 돕는다. 설명하기 무척 힘들지만, 경험상 나는 그게 사실이라는 걸 알고 있다.

김연수 『지지 않는다는 말』

나이가 이쯤 되면 자신의 실패에서 새로운 사실을 알게 되는데, 내가 깨달은 실패의 결과는 '다른 사람의 산봉우리를 넘겨보지 말고, 내 페이스대로, 내 정상만 보고 갈 것, 남들만큼 할 수 없다면 대신 내가 할 수 있는 것은 확실하게 할 것.' 이것밖에 없다. 나머지 행운은 우주에 잘 부탁하기로 했다.

사소하고 작은 것들로 경험하는 것들

나이가 들면서 내가 깨달은 것 중의 하나는 젊은 시절 내가 그토록 집착했던 그 거대(巨大)가 실은 언제나 사소하고 작은 것들로 우리에게 체험된다는 사실이었다. 말하자면 고기압은 맑은 햇살과 쨍한 바람으로, 저기압은 눈이나 안개, 구름으로 온다는 것이다.

공지영『아주 가벼운 깃털 하나』

낙지 잡으면서 깨달은 것

동네 친구 아버지 이야기를 들은 후 나는 낙지 쉽게 잡는 법을 아예 포기했다. 낙지 잡는 법이라 해서 어디 지름길이 있겠는가 하는 깨달음이 왔기 때문이다. 그 후 바다에 나가 낙지를 잡지 못해도 속상해하지 않았다. 낙지 잡는 법을 스스로 하나하나 힘겹게 터득할 때마다 신이 났다. 땅속 낙지 구멍은 참으로 다양했다. 백 개면 백 개 낙지 구멍의 길이가 다르고 구멍에서 가닥을 친 구멍 수와 모양이 달랐다. 삽으로 파고 손으로 쑤셔 들어가면 낙지들이 숨어드는 곳도 다 달랐다. 몸소 체험하지 않고 그 많은 경우의 수를 어찌 다 배울 수가 있단 말인가.

함민복 『길들은 다 일가친척이다』

낙지 잡는 법도 이럴진대, 그 많은 경우의 수를 무시한 요행과 성공이 가당키나 할까? 내가 좀 더 영악했더라면, 내가 좀 더 줄을 잘 섰더라면 지금 내 것이 되었을지 모를 행복을 부러워하는 일 따위를 더는 하지 말자, 주문을 걸어놓는다.

나이 들어서 좋은 일들

나이를 먹어 좋은 일이 많습니다. 조금 무뎌졌고 조금 더 너그러워질 수 있으며 조금 더 기다릴 수 있습니다. 무엇보다 저 자신에게 그렇습니다. 이젠 사람이 그럴 수도 있지, 하고 말하려고 노력하게 됩니다. 고통이 와도 언젠가는, 설사 조금 오래 걸려도, 그것이 지나갈 것임을 알게 되었습니다. 내가 틀릴 수도 있다고 문득문득 생각하게 됩니다. 사랑이라는 이름으로 학대가 일어날 수도 있고, 비겁한 위인과 순결한 배반자가 있다는 것도 알게 되었습니다. 사랑한다고 꼭 그대를 내 곁에 두고 있어야 하는 것이 아니라는 것도 알게 되었습니다.

공지영 『빗방울처럼 나는 혼자였다』

설거지를 하다가도 불쑥, 인생이 이렇게 지나가는구나, 한다. 여전히 사는 게 피곤하고 고단하지만 예전처럼 무겁지는 않다. 삶의 의미가 있어야 살 수 있다고 생각했던 시절에는 생니 앓듯 끙끙거렸는데, 그런 것 없어도 잘 살아지니 편하다.

사는 게 다 쉬운 일은 아닌 모양이다

해가 지는데
왜가리 한 마리
물속을 들여다보고 있다
저녁 자시러 나온 것 같은데
그 우아한 목을 길게 빼고
아주 오래 숨을 죽였다가
가끔 힘을 다해
물속에 머릴 처박는 걸 보면
사는 게 다 쉬운 일은 아닌 모양이다

이상국 '있는 힘을 다해'

살아있는 모든 것은 저마다의 생의 무게와 맞서 싸워야 한다는 것. 결심과 배신, 사랑과 눈물, 희망과 좌절의 숱한 변주곡을 그려오면서도 삶을 패대기치지 않고 아주 오래 숨죽이고 견디는 건 바로 그 때문이겠지. 그래서 '삶은 투쟁'인 거고, 눈물겨운 거고.

죽음은 철저히 혼자인 것을

아직도 가끔 죽음을 목전에 둔 그가 홀로 누워 있었을 병실을 떠올리게 된다. 하얀 벽, 차디찬 공기, 누군가 사 온 음료수 캔, 먹지도 못할 과일, 속세의 모든 것을 오늘도 낱낱이 중계하고 있는 텔레비전, 빈 주전자, 수시로 복도에서 사라져가고 있는 발자국 소리들, 밤이면 들려오는 냉장고 소리, 연결되지 않는 전화……, 자동응답기에 남기는 자신의 낯선 목소리. 이렇듯 죽음은 철저히 혼자인 것을.

윤대녕 『사라진 공간들, 되살아나는 꿈들』

'죽어가는 사람은 천장을 보고 죽는다'고 어릴 때 엄마가 말해줬다. 세 명의 체시(저승사자의 제주도 말)가 죽은 사람을 데리러 천장에서 내려온다는 것이다. 그래서 완전 숨이 멎기 전에 방 앞에 술과 향, 짚신 세 켤레를 놓은 체시상을 차린다. 짚신은 먼 곳에서 오느라 다 헤진 체시의 새 신발이다. 마지막 이승에서의 삶을 내려놓고 체시를 따라 나설 때 얼마나 고독할까? 죽음은 이렇듯 철저히 혼자인데.

인생의 퀄리티가 달라지는 관점

나이를 아무리 먹어도 마라톤이나 철인3종 경기 전날, 옷을 챙기고 출전번호를 핀으로 고정시키고 신발 끈을 다시 묶는 등 준비물을 챙기는 일은 설레고 즐겁다. 마치 소풍 전날의 초등학생 같은 기분이다.
나이 먹는 것을 여러 가지를 잃어가는 과정으로 보는가, 혹은 여러 가지를 쌓아가는 과정으로 보는가에 따라 인생의 퀄리티는 한참 달라지지 않을까 싶다. 뭔가 좀 건방진 소리 같지만.

무라카미 하루키 『샐러드를 좋아하는 사자』

예전부터 하루키의 소설보다 하루키의 삶의 코드에 더 관심 있었다. 하루키에게 마라톤과 글쓰기는 전 생애를 조망하듯이 살아가는 메타포라는 걸 알고 나니, 대충 책장 넘기듯 휘휘 살아온 내 인생의 시간들이 초라해진다. 또 맥 빠진다.

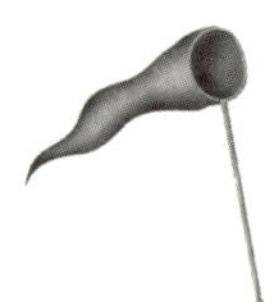

'인생사, 뭐 대단한 거 있나'

예를 들어 에펠탑을 보면 '우아!' '보람 있다' 이런 말이라도 해주면 좋을 텐데, 말 한마디 없어 당황스러웠다. 대신 캐릭터는 확실해졌다. 노인이라는 존재가, 칠팔십 년 살면서 수많은 경험을 통해 자기 캐릭터 중 필요 없는 거는 다 없애고 핵심적인 성격 한두 개만 남기는 거 아닌가. (그분들에겐) '인생사 뭐 대단하거나 특별한 거 있나' 하는 정서가 있었다.

나영석PD 인터뷰 '꽃보다 할배'

할배들이 가는 자리마다 울렁, 했다. 오래 전 유럽 배낭여행이 떠올라서. 숙박비 절약을 위해 잠은 유스호스텔 도미토리와 밤기차에서 자고, 북유럽 쏘다니다가 보름 만에 로마 민박집에서 쌀이라는 걸 먹어보고, 시에스타를 깜박한 스페인에서는 길을 잃고, 집시에게 소매치기 당하고, 자신의 집에 초대한 베를린 노부부의 집이 인상적이었고, 두 달 동안 빨지 않은 운동화를 신고 돌아다녔다. 지금도 밤마다 두 다리 쭉 뻗고 잘 수 있어 다행이라는 걸 알게 해준, 내 젊은 날의 여행다운 여행이었다.

점점 내가 보이지 않는 것

예전에 나는 부끄러움이 몹시 많은 사람이었다. 지금은 그렇지 않다. 밥 호프라는 희극배우가 스무 살 때는 다른 사람이 나를 어떻게 생각할까 걱정하고, 마흔이 되어서는 다른 사람의 생각은 신경 쓰지 않으며, 예순이 되면 사람들이 자신에 대해 전혀 생각하지 않는다는 것을 깨닫게 된다고 한 말이 생각난다. 나는 지금 그 중간에 있다. 그리고 실제로도 다른 사람이 나를 어떻게 생각하는지 크게 신경 쓰지 않는다. 그러나 예순이 되었을 때 아무도 나에 대해 생각해주지 않는다는 걸 깨닫게 되면 씁쓸할 것 같기는 하다.

조경란 『백화점』

한 연극연출가가 버스에서 손잡이를 잡을 때마다 드러나는 자신의 가는 손목과 팔이 항상 콤플렉스였는데, 아무도 자신의 팔 따위엔 관심이 없다는 것을 20년 만에 깨달았다고 한다. 전보다 다른 사람들의 눈으로부터 많이 편해진 요즘, 그 연극연출가의 늦은 깨달음을 알아가는 중이다. 더불어 이제는 내 배역이 '대사 없는 행인 1,2'라는 것도.

우리가 할 수 있는 일은 집요한 반복뿐

30킬로까지는 '이번에는 좋은 기록이 나올지도'라고 생각하지만, 35킬로를 지나면 몸의 연료가 다 떨어져 여러 가지 일에 대해서 화가 나기 시작한다. 그리고 마지막에는 '텅 빈 가솔린 탱크를 안고 계속 달리는 자동차 같은 기분'이 된다. 하지만 완주하고 나서 조금 지나면, 고통스러웠던 일이나 한심한 생각을 했던 일 따위는 깨끗이 잊어버리고, '다음에는 좀 더 잘 달려야지' 하고 결의를 굳게 다진다. 아무리 경험이 쌓이고 나이가 들어도, 결국은 똑같은 일의 반복인 것이다.

무라카미 하루키 『달리기를 말할 때 내가 하고 싶은 이야기』

그래서 고쳐지지 않는 나와의 전쟁은 그토록 지난했던가? 아무리 경험이 쌓이고 나이가 들어도, 결국은 똑같은 일의 반복이라면 내가 나를 바꾸겠다거나 도달하지 못할 마음에 대해서는 깨끗이 포기하자고 달리 맘먹는다.

어느 행복했던 아침은 잊혀지지 않는다

이제 나는 안다
생의 가을 녘에 들어선 내게
아직도 삶에서 경이로운 것은
그토록 많았던 슬픈 저녁들은 잊혀지지만
어느 행복했던 아침은 결코
잊혀지지 않는다는 것

장 가방 '이제 난 안다'

신기하게도 지난날을 떠올리는 기억 속에는 좋았던 장면이 더 많다. 사람의 심리가 원래 그렇게 만들어졌는지는 몰라도, 불행보다는 행복의 힘이 센가 보다. 그러니 어느 슬픈 저녁을 만나더라도 울지 말고 온순히 지나가게 놔둘 것.

오십의 하늘에도 별이 돋는다

나는 오십견이
쉰 살 된 개인 줄 알았다
오십에도 사랑을 하고
오십에도 눈물이 있는지
비릿한 나이에는 알지 못했다

오십에 기르게 된 어깨 위의 개들을
풀어놓아 먹이려고 침을 맞는다 (…)

오십에도 그리워할 것이 있고
오십의 하늘에도 별이 돋는지
들끓는 나이에는 알지 못했다

김재진 '오십견'

오십에도 태평양만큼 그리움과 눈물이 넘치고, 오십에도 사랑과 이별에 휘청거리게 될 것이다. 아무리 나이가 들어도 동백꽃 순정은 잃지 않는다. 비록 비릿한, 들끓는 나이의 순정과는 비교도 안 될 테지만.

나보다 못난 놈 없더라

몇 십 년 드라마를 쓰다 보니 유명세가 절대기준인 이 세계에서 명멸하는 숱한 배우들을 지켜볼 수 있었다. 이름 난 배우들의 어두운 뒷면과 이름 없는 배우의 아름다운 뒷면… 세월이 흐를수록 유명무실(有名無實)이라는 말에 절감했다. 물론 나도 한때 유명의 나라에서 잠시 깃발을 흔들 때도 있었다. 우쭐했고, 내가 잘난 줄 알고 교만을 떨었다. 그러나 살아볼수록 나보다 못난 놈은 없다는 것을 깨닫는다. 한치 앞도 못 보는 게 인생인 거다.

김성근 외 등저 『세월은 흐르는 것이 아니라 쌓이는 것이다』 중 김운경 글

왜 나이 들수록 나보다 못난 놈 없고, 평범한 사람도 비범하게 보일까. 다른 사람의 질주를 부러워하지 말자, 하면서도 고작 들러리 인생, 무대에는 한 번도 오르지 못한 배우로 끝나지 않을까 우울해진다.

전혀 엉뚱한 것에서도 희망을 찾는 위대한 종

하루 종일 전화 한 통 없다.

걸어줄 이도, 걸어 볼 이도 없다.

내 나이 78이다.

지금 눈을 감는다고 해도 섭섭할 나이는 지났다.

그러다가 김대중 대통령과 동갑인 것에

나름 용기를 얻는다.

이렇게 전혀 엉뚱한 것에서도 희망을 보고자 한다.

나이가 들면.

조옥현 '나이가 들면'

'저 할망도 나오는데…'(제주도에서는 할머니를 할망이라고 말한다.) 엄마는 TV에서 이희호 전 영부인을 보더니 뜬금없이 자신감을 보인다. 나이 들면 엉뚱한 것에도 희망을 얻는구나, 싶었다. 그러니 지금 내가 남들이 이 나이에 하지 않는 것들을 시작하는 데 위축되거나 두려워하지 말자. 나중에 누군가는 나를 보고 용기를 낼지도 모르니까.

더 열심히 사랑할 걸

나는 가끔 후회한다.
그 때 그 일이
노다지였을지도 모르는데
그 때 그 사람이
그 때 그 물건이
노다지였을지도 모르는데
더 열심히 파고들고
더 열심히 말을 걸고
더 열심히 사랑할 걸.

반벙어리처럼
귀머거리처럼
보내지는 않았는가
우두커니처럼…
더 열심히 그 순간을
사랑할 것을

정현종 '모든 순간이 꽃봉오리인 것을'

간절한 것이 있는 사람만이 후회를 한다고 하는데, 내 안에는 어떤 간절함이 남아 있을까? 또 내 인생에 아직 내 열심에 따라 피어날 꽃봉오리는 얼마나 남아 있을까? 지금도 시간이 가고 있다.

이것을 알기 위해 일생을 허위허위 달려오는 것일까?

범상하고 평범한 인생이 나날들의 사소한 변화들이 기적의 연속임을 진실로 깨닫게 된다면 나이 먹고 죽어가는 것도 그다지 나쁜 것만은 아니라는 생각이 든다. 아니, 오히려 이것을 알기 위해 일생을 허위허위 달려오는 것은 아닐까? 육신이 늙어갈수록 눈길과 마음에 닿은 모든 것이 경이롭고 신선해진다는 이 아이러니! 그래서 인간을 신의 축복이라고 하는지도 모른다.

오정희 『내 마음의 무늬』

나도 이렇게 늙어갈 것이라고 믿는 마음 한 구석에는 나이만 먹고 무엇 하나 깨닫지 못할까봐 초조하다.

진짜 인생은 삼천포에 있다

그저 달리기만 하기에는 우리의 삶도 너무나 아름다운 것이다, 라는 생각을, 했다. 인생의 숙제는 따로 있었다. 나는 비로소 그 숙제가 어떤 것인지를 어렴풋이 느낄 수 있었고, 남아 있는 내 삶이 어떤 방향으로 흘러가야 할지를 희미하게나마 짐작할 수 있었다. 그것은 어떤 공을 치고 던질 것인가와도 같은 문제였고, 어떤 야구를 할 것인가와도 같은 문제였다. 필요 이상으로 바쁘고, 필요 이상으로 크고, 필요 이상으로 빠르고, 필요 이상으로 모으고, 필요 이상으로 몰려 있는 세계에 인생은 존재하지 않는다. 진짜 인생은 삼천포에 있다.

박민규 『삼미 슈퍼스타즈의 마지막 팬클럽』

노을 보이는 도서관 창가자리, 시 읽는 7월의 밤, 고즈넉한 절간 마당, 밤새 눈 내린 새벽 공원, 해물비빔국수 만드는 부엌, 막 볶은 커피 내리는 동네 카페, 껍질 깐 도라지 담은 할머니의 바구니, 진짜 인생이 여기에 있을 것이라고 믿는 내 주변의 생활공간들. 이제는 '사는' 일상보다 '보는' 일상이 더 행복해야 할 나이다.

'인생'처럼 손 안에 잡혀들지 않는 것도 없다

그리운 것들은 언제나 멀리 떨어져 있다. 돌아보면 늘 그랬던 것 같기도 하다. 아니 평생 내 허리 어디가 고장 나서 이리 엉거주춤 누워 그리운 '당신'을 '저만치' 창 너머에 놓고 다만 내다보며 살아온 게 아닐까.

내가 살고 살아내는 게 '인생'이라지만, 달리 보면 '인생'처럼 손 안에 잡혀들지 않는 것도 없다. 잡았다 싶으면 물처럼 손가락 사이로 소리 없이 미끄러져 빠져나가는 '당신'.

박범신 『산다는 것은』

창 밖 너머에 있는 인생을 평생 내다만 보면서 사는 게 인생일지도 모르겠다는 생각, 남들도 그렇겠지, 하면서도 혹시 다 도망가고 없는데, 눈 가린 술래가 되어 허허벌판에서 혼자 아이들을 찾아 헤매고 있는 건 아닐까, 내가 나를 믿지 못한다.

눈물 콧물 웃음으로 사는 것

나이 들어 깨달은 것은 삶이란 눈물 콧물 웃음으로 사는 것이라는 자각이다. 아주 가까이서 그놈을 지켜보고 만져보고 말 시켜보고 핥아봐야 한다는 것을 알게 되었다. 처음 만나는 듯이 아주 낯선 얼굴로, 오늘 새로운 삶을 시작할 수밖에 없는 사람처럼, 그렇게 쳐다보아야 한다. 낯선 여인이 늘 신비하듯, 낯선 삶이 흥미진진하다.

구본형 『나는 이렇게 될 것이다』

어쩌면 우리는 좀 더 연극적으로 삶을 살 필요가 있을지도 모른다. 눈물, 콧물, 웃음이라는 삶의 코드가 만들어내는 흥미진진한 낯선 삶을 위해서.

거칠게 씹어 삼키지 말고

이가 아프니 모든 행위가 살금살금
삶이 부실해지고 비겁해졌다
잃어보지 않고는 소중한 걸 모른다더니
빠르게 거칠게 씹어 삼켜온 지난날들이
봐라, 봐라, 아프게 돌아봐진다
(…)
나이 50 고개에 찾아온 첫 치통
금이 간 치앙처럼 전신으로 번져오는 속 아픈 세상
먹고사는 일에도 싸우는 방식에도
지금 일대 공사가 필요하다

살금살금 비겁하게도 살지 말고
함부로 씹으며 거칠게도 살지 말고
꼬옥꼬옥 사려 깊고 단단하게
속도의 세상을 내 방식대로 걸어갈 일이다

박노해 '첫 치통'

점점 가벼워지는 느낌이 좋다

나이가 드니 마음 놓고 고무줄 바지를 입을 수 있는 것처럼 나 편한 대로 헐렁하게 살 수 있어서 좋고 하고 싶지 않은 것을 안 할 수 있어 좋다. 다시 젊어지고 싶지 않다. 하고 싶지 않은 것을 안 하고 싶다고 말할 수 있는 자유가 얼마나 좋은데 젊음과 바꾸겠는가… 다시 태어나고 싶지 않다. 난 살아오면서 볼 꼴, 못 볼 꼴 충분히 봤다. 한 번 본 거 두 번 보고 싶지 않다. 한 겹 두 겹 어떤 책임을 벗고 점점 가벼워지는 느낌을 음미하면서 살아가고 싶다. 소설도 써지면 쓰겠지만 안 써져도 그만이다.

박완서 『호미』

인생을 사는 일의 책임에서 자유로워지는 기분은 어떤 걸까? 밑에서 끌어당기는 중력의 무게만큼 이승과 멀어지는 건 아닐까? 그렇게 한 발짝씩 가뿐해지는 느낌이라면 나이 드는 모든 게 손해는 아닌 것 같다. 등 푸른 20대 시절에 생각했던 것만큼.

가끔 죽음을 생각하면서

가끔 죽음을 생각하면서 나름대로 다짐을 해보는 것은 두 가지 정도다. 첫째는, '할 만큼 했다'고 생각하면서 자연과 함께 죽음을 맞고 싶다는 것, 둘째는 "아직은 할 일이 많은데"라고 생각하면서 죽음을 못내 받아들이지 못하는 삶을 살지 않는 것.
내가 나를 위해서 하는 일은 영화를 보고, 음악을 듣고, 책을 읽는 것으로 충분하다. 그리고 자연을 위해서 내가 내놓을 수 있는 것들을 생태계와 다른 생명에게 내어주면서 그렇게 자연인으로 나머지 시간들을 순리대로 살아갈까 한다.

우석훈 『1인분 인생』

노인이 된 미래의 내 모습이 상상되지 않듯 죽음에 관한 내 상상력 역시 빈한하다. 내가 죽는 순간에 그냥 외롭지 않았으면 좋겠고, 살아오면서 받았을 상처가 악착스럽게 남아 있지 않았으면 좋겠고, 누군가에게는 아름다운 꽃으로 기억되었으면 좋겠다.

인생은 주사위 던지기 게임

모노는 처음부터 자신의 선택이란 별로 중요한 게 아닐지도 모른다는 생각이 들었다. 누군가 주사위를 던지고, 자신은 던져진 주사위의 숫자만큼 이동하는 말일지도 모른다는 생각이 들었다.

김중혁 『모노레일』

지금까지 내가 선택하고 노력한 인생이라고 믿었던 내 생각이 순진한 건 아닐까, 가끔 의구심이 든다. 이게 나이 들수록 의혹이 많아진다는 늙음의 징표인지는 모르겠지만, 어쨌든 신은 냉정하고 게임은 지금도 진행 중이니 들키지 않고 말로서의 기쁨만 누리며 이동해야 하는 건 확실해 보인다.

5장

늙으신 부모님의 하루가 그렇게 가고 있다

깊게 고인 웅덩이 같은 시간, 하루 스물네 시간이 이백사십 시간 같은 시간. 전화벨 소리 한 번 울리지 않는 무덤 같은 시간, 어린아이와 젊은이가 없는 죽어 있는 시간을 견디고, 오늘도 늙으신 부모님의 하루가 그렇게 가고 있다.

언젠가 맞게 될 어머니의 부재

바닷가에서 어머니의 손을 잡았다. 바스라질 듯 마르고 얼음장처럼 차가웠다. 서로의 손을 잡아본 것이 얼마만이던가. 무심했던 아들은 선명하게 제 어미의 현재를 느꼈다. 매캐한 설움이 마라도의 세찬 바람에 섞여 아팠다. 제 마누라와 새끼가 우선이었던 아들에게 어머니는 멀고 먼 타인과 다르지 않았다. 자장면이 싫다 했던 어머니 허기는 아직도 채워지지 못했다.

윤광준 『마이 웨이』

두 달 만에 뵙는 엄마 얼굴이 부쩍 여위셨다. 서둘러 엄마의 밥상을 차린다. 요리를 안 해서 그렇지, 하면 잘한다고 뻐기는 내 자랑질도 엄마 앞에서만 유효하다. 엄마는 내가 해준 건 뭐든지 맛있다 하신다. 그렇게 며칠을 엄마와 얘기도 하고 맛있게 먹다보면 어느 틈엔가 기운을 차리고, 입맛도 좋아지신다. 마치 꾀병이었던 것처럼. 서울로 돌아오는 비행기 안에서 생각한다. 엄마에게 최고의 보양식은 딸과 마주 앉아서 함께 밥 먹는 것.

혼자 영정사진 찍을 때

엄마가 준비해둔 영정사진은 따로 있다.
아직 거동이 불편하지 않았을 때
엄마 혼자 동네 사진관에 가서 찍은 사진이다.
혼자 영정사진을 찍으러 사진관까지 걸어가는 동안
엄마는 무슨 생각을 했을까.
낯선 이의 카메라를 정면으로 응시하며 셔터가 눌러지기까지의 시간을
어떤 감정으로 견뎠을까.

한설희 『엄마, 사라지지 마』

화창한 어느 가을. 곱게 화장한 엄마가 한복을 싸들고 동네사진관에 간다기에 따라나섰다. 영정사진을 찍는 데는 5분도 걸리지 않았다. 언젠가 품에 안게 될 그 사진 앞에서 이십여 년 전 집으로 돌아오는 길에 올려다 본 하늘이 눈 시리도록 파랬다는 것과, 사진 찍던 그 순간의 엄숙하고 비의했던 엄마의 표정을 떠올리게 될 것이다. 그리고 너무 먼 미래의 일이라 울지 못했던 묵은 울음까지 터질 거란 것도 안다.

우두커니 앉아서 보내노라면

멍청하게 혼자서, 우두커니 홀몸으로 앉아서 보내노라면 스스로가 텅텅 비어가는 것 같다. 그런데 묘하게도 꼭 그렇게 머리의 백지 상태만 계속되는 것은 아니다. 느닷없이 잡동사니 생각이 비집고 들어온다. 꾸역꾸역. 그래 봤자, 줄거리가 갖추어진 생각은 결코 아니다. 토막생각이, 잡된 조무래기 생각이 엉키고 얽혀서는 들었다가 나가기를 되풀이한다. 이렇듯이 의식의 백지 상태와 쓰레기통 같은 상태가 뒤죽박죽으로 뒤엉킨다.

김열규 『아흔 즈음에』

작년에 엄마에게 물어보았다. 86년을 살아오면서 가장 기뻤던 일이 무엇이냐고. 10년 만에 임신한 것이라고 한다. 그럼 2순위는 무엇이냐고 물었더니 첫아들을 낳은 것이란다. 엄마의 얼굴에는 그 때를 떠올리는 것만으로도 기쁨 한가득. 쳇, 겨우 그거야?

엄마, 사라지지 마

엄마는 눈에 띄게 말라가고 있다. (…)

밥을 드시도록 앉혀놓으면 엄마 자신도 모르는 사이

스르르 쓰러지곤 한다.

나는 차마 엄마를 다시 일으켜 세우지 못한다.

(…)

엄마, 엄마,

내가 부르면 힘겹게 아주 천천히, 눈을 뜨다 도로 감아버린다.

그 작은 움직임이 힘겨웠는지 눈꺼풀이 파르르 떨린다.

나는 이제 엄마에게 밥을 먹으라고 성화를 부릴 수 없다.

밥상을 차려놓고 멍하니 엄마를 바라볼 뿐이다.

한설희 『엄마, 사라지지 마』

"엄마, 자?" "아니" "그럼 왜 눈 감고 있어?" "편하니까." 이젠 눈꺼풀도 무겁구나, 가슴에 찬바람이 휘익 스친다. 스르르 쓰러지는 엄마를 앉히다가, 눈감고 있는 엄마를 자꾸 부르다가, 더 이상 엄마에게 밥 먹으라고 성화 부리지 않고 오래 바라보게 될 날이 내게도 올 것이다. 그런 엄마를 통해서 '소멸'이라는 것의 의미를 알아가게 될 것이고.

죽음의 문턱에서 생각하는 딱 한 사람

누구였던가. 물에 빠진 자의 눈에는 인생이 지나간다고 했던 사람이. 적어도 나는 아니었다. 죽음과 맞대면했던 30분 동안, 한 사람만 생각났다. 한 순간만 기억났다. 내 아이, 녀석이 태어난 겨울, 함박눈 내리던 어느 날, 홀로 뒤뚱대며 분만대기실로 들어갔던 밤이. 아이의 작은 손가락을 만지며 마음을 약속했다. 너는 네가 원하는 인생을 살게 될 것이라고. 그럴 수 있도록, 너를 지킬 것이라고. 그 약속의 순간이 현재처럼 생생했다. 약속을 지키지 못할까 봐 한없이 애가 탔다. 다시는 아이를 보지 못하게 될까 봐 미치도록 두려웠다.

정유정 『히말라야 환상방황』

나에게도 그렇게 품었을 엄마의 사랑, 세상 모든 부모의 그것은 다 애틋하다. 지금 엄마가 생각하고 있을 딱 한 사람을 나는 안다.

눈물이 난다.

꽁보리밥 도시락과 어머니

도시락 싸가는 학년이 되자 아이의 가슴은 부풀었지요.
기다리던 점심시간 부러웠던 언니네들처럼
의젓하게 어머니가 싸주신 도시락 뚜껑을 열었습니다.
그런데 보세요. 그것은 새까만 꽁보리밥,
흰쌀밥 도시락들 사이의 깜깜한 밥
부끄러운 아이는 교실을 빠져나와 뒷마당으로 갔습니다.
어머니는 왜 도시락 먹지 않았느냐고 물으셨지만
그저 배가 아파서라고 말을 했지요.
이제는 꽁보리밥이라도 창피할 것 없다고
다음날 점심시간 아이는 도시락 뚜껑을 열었습니다.
보세요. 이번에는 보리밥이 아니라 진주알처럼 하얀 쌀밥
이제는 눈물이 나 작은 소리로 엄마! 라고 부르며
도시락 뚜껑을 덮었습니다.
(…)
정말
먹지 못한 도시락을 사이에 두고
슬프고 슬픈데도 행복했어요.

이어령 '눈물이 무지개 된다고 하더니만'

내가 처음 도시락을 들고 학교 가던 날, 나 이제 어른이 된 줄 알았다. 전날 밤 설레서 잠을 설친 것도, 오전 수업이 빨리 지나가기를 바라는 마음도 들키지 않으려 용을 써야 했다. 그래도 '스탠리의 도시락'에 나오는 스탠리처럼 내 눈에 세상은 온통 무지개빛이었다.

오래전 엄마와 소풍간 날

아주 오래전에 어머니의 손을 잡고 소풍을 갔던 기억이 떠오른다. 커다란 느티나무 아래 앉아 우리는 김밥과 사이다를 먹고 호수에 떠다니는 하얀 오리배를 바라보고 있었다. 그날 하늘은 더없이 푸르렀고 얼핏 돌아본 어머니의 얼굴엔 난 같은 잔잔한 미소가 번져 있었다. 그날 어머니는 행복했던 것일까? 부디 그랬더라면 좋으련만.

윤대녕『이 모든 극적인 순간들』

세로줄무늬 원피스에 꽃 달린 수제화 구두를 신은, 앞니 빠진 이를 드러내고 웃는 흑백사진이 있다. 초등학교 1학년 때 소풍간 날 엄마가 '미노루타' 라고 말하는 카메라로 찍은 사진이다. 함께 김밥도 먹고, 보물찾기도 하던 44살의 엄마는 행복했을까? 내게는 생생하지만, 지금 86세의 엄마는 가장자리 썬 김밥을 입에 넣어주던, 소풍날 아침의 야단법석을 기억할까?

어머니 떠난 지 2년, 혹시나

어머니가 떠난 자리에
어머니가 벗어놓은 그림자만 남아 있다
저승으로 거처를 옮기신 지 2년인데
서울특별시 강서구청장이 보낸
체납주민세 납부청구서가 날아들었다
화곡동 어디 자식들 몰래 살아 계신가 싶어
가슴이 마구 뛰었다

정희성 '흔적'

'엄마!' 부르면 '왜? 젖 먹을래?' 눈 흘기시더니, 지금은 '엄마' 하고 부르는 나도, 대답하는 엄마도 애틋하다. 영원하지 않다는 것, 우린 알고 있는 거다. 조만간 엄마에게 간다. 올해 엄마와 나의 가을은 생애에 몇 번 없을 아름다운 계절이 될 것 같다.

엄마에게도 꿈이 있었을까

엄마는 꿈을 펼쳐볼 기회도 없이 시대가 엄마 손에 쥐어준 가난하고 슬프고 혼자서 모든 것과 맞서고, 그리고 꼭 이겨나갈밖에 다른 길이 없는 아주 나쁜 패를 들고서도 어떻게든 최선을 다해서 몸과 마음을 바친 일생이었는데, 난 어떻게 엄마의 꿈에 대해서는 아무런 생각도 해본 적이 없었을까.

신경숙 『엄마를 부탁해』

엄마의 어린 시절에는 끔찍한 일이 많았다. 학교에서 한국말이 튀어나올 때마다 화장실 청소를 했다는 일제강점기 시절 얘기는 애교에 가깝다. 뒷집에 밥 얻으러 온 '빨갱이'에게 돌담 너머로 밥을 줬다고 다음 날 서북청년단이 어른아이 할 것 없이 모두 죽이고, 이 소식을 들은 '산에껏들'(제주4·3사건 때 마을 사람들이 무장대를 그렇게 불렀다)이 내려와 그 가족을 죽창으로 죽이고, 다음 날 또 보복하고, 밭에서, 올레에서 시체 보는 건 예사였다는, 그 많은 일들은 아무리 들어도 믿기 힘든 딴 세상 얘기 같았다. 그 참혹한 시대에 어떻게든 최선을 다한 엄마의 일생, 거기에 아직 엄마가 있다는 사실이 새삼 고맙다.

하루 스물네 시간이 이백사십 시간만 같다

하루 스물네 시간이 이백사십 시간만 같다. 아니, 그 정도가 아니다. 아예 가지도 오지도 않는 것 같다. 견디다 못해 일어서서 몇 걸음 발을 옮겨보지만 시간은 아는 척도 않는다. 한결같은 시간, 옴싹달싹 않는 시간의 웅덩이에 빠져들고 만 것 같다. 그 웅덩이는 너무나 깊다. 깊고 또 깊어서 그 깊이를 모를 지경이다.

김열규 『아흔 즈음에』

늙으신 부모님의 하루가 그렇게 가고 있다

하루 종일
이 큰 집에 두 사람만이 있다.
대화의 대상도,
싸우고 울고 웃을 수 있는 대상도
아픈 아내밖에 없다.
전화벨 소리 한 번 울리지 않는다. 서산에 저물어 가는
늙은이의 하루가 그렇게 가고 있다.
견디기 힘든 시간이 그렇게 가고 있다.

조옥현 '하루'

어린아이와 젊은이가 없는 집의 하루는 일찍 저문다고 한다. 견디기 힘든 시간을 보내는 노인의 하루 중 잠깐이라도 반짝할 수 있게 내가 서울에서 할 수 있는 건 하루에 한 번 엄마와 수다 떨기, 읽을 만한 책 주문해주기(법정, 법륜, 혜민 등 스님이 쓰신 책과 인간 승리의 책을 좋아하신다), 먹을 것과 화장품 등 자잘한 택배 자주 보내기 정도다. 한 번이라도 더 집안에 벨소리가 울리고, 사람 말소리 떠다니도록.

자식 농사

어머니도 우리들 생각하며 농사꾼처럼 복기를 했었잖아요. 큰애는 똑똑했는데 가르치지 못해, 작은애는 살림을 제대로 못 내줘 술에 타락되었고, 누이들은 어린 나이에 사회에 내보내, 너는 제일 힘들 때라 제대로 먹이지도 못해 이런 식으로 말입니다. 그러면서 우리가 잘 안 풀린 것을 모두 어머니 탓으로 돌렸지요. 늘 안타까워하던 어머니 모습을 생각하니 '자식 농사'란 말에서 슬픈 냄새가 났어요. 나름대로 최선을 다해놓고도 안타까운 게 부모 심정인가 봐요.

함민복 『길들은 다 일가친척이다』

'내 지은 죄가 많은가 보다.' 넘어질 때도 있고, 아플 수도 있지, 자식이 그럴 때마다 당신 탓 하던 엄마의 엉뚱한 자책과 한숨 소리가 듣기 싫었다. 그게 부모 마음이라는 걸 알면서도.

가끔 엄마가 전화를 하면

가끔
엄마가 전화를 한다.
"나다, 궁금해서"
나는 그 말을 '보고 싶어서'로 듣는다.
또 가끔
엄마가 전화를 한다.
"요새 바쁘지"
나는 그 말을 '한번 와라'로 듣는다.
딸자식이 커서 결혼을 하고
그 결혼이 이십여 년을 넘어
딸의 딸이 시집보낼 때의 딸의 나이가 될 쯤이면
딸이 보고 싶어도 선뜻 한번 오라는 말을 못한다.
그것이 부모 마음이다.
나는 그 마음을 잘 알면서도
자주 찾아뵙지 못한다.
그것이 또 자식이다.

이수인 '가끔 또 가끔'

딸린 식구를 핑계로, 바쁘다는 핑계로, 늙고 외로운 부모에게 소홀해지는 자식들이 많다. 내가 보기엔 그건 바쁜 게 아니라 마음 씀에 달린 거라고, 자식이 보고 싶은 부모에게 살아계실 때 얼굴 한 번 더 보여드리는 일보다 교회나 절에 가서 봉사하는 게 더 우선순위인 한 부모를 위한 시간은 없을 거라고 말하고 싶지만. '결혼하고 애를 키워봐야 사람 된다'고 하는 말, 다 쌩구라 아냐?

내 서러운 등짝 들키고 말았다

거기 세상을 등지듯 모로 눕힌
아버지의 검은 등짝
아버지는 왜 모든 꿈을 꺼버렸을까
(…)
삼십 년이나 지난 어느 날
아버지처럼 휘적휘적 귀가한 나 또한
다 큰 자식들에게
내 서러운 등짝을 들키고 말았다
슬며시 홑청이불을 덮어주고 가는
딸년 땜에 부러 코를 고는데
바로 그 손길로 내가 아버지를 묻고
나 또한 그렇게 묻힐 것이니

정철훈 '아버지의 등'

요즘 내게서 아버지의 감춰진 모습을 보는 것 같다. 자존심으로 위장된 소심함, 상처가 두려워 자기 안에 갇혀 사는 것. 내일이 아버지 기일, 벌써 5주년이다.

“우리 모두는 상우였지, 외할머니는 아니었어”

치매가 조금 온, 아흔 살 어머니를 오빠 내외에게 맡기고 ‘바쁘다 바빠’ 하며 1년에 두세 번 허겁지겁 찾아보고 돌아오는 나는 문득문득 엄마 생각을 하며 눈물짓는다. 아무리 바빠도 갈 곳은 다 가고 할 짓은 다 하면서도 정작 엄마에게 가게 되지 않는다. 피와 살이 있는, 욕망과 노여움과 설움이 가득한 어머니와 외할머니들이 바로 곁에서, 밖에는 꽃바람이 한창인데 가슴 속을 후비는 찬바람에 지금지금거리며 울고 있는데도, 그것을 돌아보기보다 영화관에서 ‘액자’ 외할머니를 보며 눈물짓는 것은 나나 내 친구들이나 내 아들딸들이나 마찬가지겠지. 그래 우리 모두는 상우였지 외할머니는 아니었어.

김선주 『이별에도 예의가 필요하다』

6장

삶은 날씨고
삶은 식사다

'행복은 마주치는 것', 한가로운 일요일 오전 11시에 고양이가 내 무릎에 앉아 잠자고 있고, 제이슨 므라즈의 음악이 들리고, 책 한 권 읽는, 그런 잊히지 않는 순간 몇 개가 각인되어 있느냐가 박웅현이 생각하는 '삶의 풍요.' 바로 모차르트의 쾌활과 명랑, 조화로움과 맞닿아 있지 않을까?

‘시월의 마지막 밤’

82년 가을, 난 화천 북방 철책에서 매일 밤 이용의 ‘시월의 마지막 밤’을 반복해서 들어야만 했다. 당시 담당 심리전 요원이 가진 대중가요 테이프가 오직 그것뿐이었다. 그 노래가 나오면 다들 멍하니 밤하늘만 바라봤다. 매번 눈물이 핑 돌았다. 그저 모든 게 안타깝고, 슬프고 그리웠다. 30년이 지난 지금도 10월이 되면 난 그 노래를 찾아 듣는다. 나의 ‘노스탤지어nostalgia’다.

김정운 칼럼 ‘이 가을, 통속하거나 외롭거나…’

사랑이라는 말만으로 가슴이 설레던 그 시절에 ‘시월의 마지막 밤’을 듣던 ‘나’가 30년이 흐른 뒤에도 쭈뼛해지면서 듣는 쉰 살의 ‘나’를 감히 상상이나 했을까? 늦가을에는 부러 찾아서 듣는 노래가 또 하나 있는데, ‘가을비 우산 속에’다. 초겨울 앞둔, 어느 추적추적 비 내리는 날 딱 한 번 듣는다. 아름다운 계절을 떠나보내는 나만의 의식이랄까, 아니면 청춘에 느꼈던 그 감정이 아직 남아 있는, 내 안의 젊음을 확인하기 위해서랄까. 이런 나의 궁상맞은 올드한 취향이 ‘노스탤지어’라고 하는 이 유쾌한 남자가 반가웠다.

마지막 남은 나의 꿈

나, 한때 부자였다. 꿈의 부자, 게으른 몽상가, 그 푸른 스무 살 시절, 나는 얼마나 많은 것이 되고 싶었던가. 내가 지나온 지난 이십 년은 그 많던 꿈들을 버려 온 시간이었다. 클렉션 대신 트럼펫을 부는, 대륙을 횡단하는 트레일러 운전사, 자전거를 타고 노을 진 눈길을 달려오는 시골학교 선생, 산림 감시원, 태평양을 횡단하는 요트 운송 요원, 실크로드 도보 여행, 칠레 종단 열차, 마다가스카르 총독… 나는 꿈을 꾸었으나, 꿈은 나를 꿈꾸어 주지 않았다. 시와 영화 보기, 그리고 '단순한 삶, 깊은 생각.' 이것이 마지막 남은 나의 꿈이다.

이문재 『이문재 산문집』

'섬마을 분교'에 대한 나의 로망은 끈질기고 특별했다. 지금 엄마가 살고 계시는 동네에 제주 다문화교육센터가 있다. 입학하는 아이가 없어 몇 년 전에 폐교된 초등학교를 리모델링한, 해안도로 올레 코스에 있는 아담한 건물이다. 이곳에서 내가 봉사할 만한 일을 찾을 수 있겠단 생각이 들자, 다시 내 가슴이 푸른 그 시절에 느꼈던 떨박질이 시작되었다.

더 많은 공기와 바람, 그리고 서늘함을

우리는 더 많은 공기를, 더 많은 바람을, 더 많은 서늘함을 요구해야만 한다. 잊을 수 없도록 지금 이 순간을 더 많이 지켜보고 더 많이 귀를 기울이고 더 많이 맛보아야만 한다. 그게 바로 아침의 미명 속에서 우리가 달리는 이유다. 그게 바로 때로 힘들고 지친다고 해도 우리가 계속 살아가는 이유다. 지금 이 순간, 당신의 심장이 뛰고 있다면, 그건 당신이 살아 있다는 뜻이다. 그 삶을 마음껏 누리는 게 바로 우리가 해야 할 의무이고 우리가 누려야 할 권리다. 우리는 그렇게 만들어졌다.

김연수 『지지 않는다는 말』

요즘 나의 '공원 걷기'는 바쁜 일과 중 '현재'를 회복하는 유효한 수단이다. 걷는 동안 깊숙이 폐에 공기를 들이고, 하늘을 보고 나무를 본다. 참 평온하다. '삶은 하루에 한 번' 이라고 되새기면, 겨우 요만큼의 행복이라니, 했던 마음도 누를 수 있다.

소박한 초인

이 세계가 추구하는 것은 아마도 매 시간 독립된 현재일 것이다. 소풍을 가거나 일이 끝난 저녁에 술 한 잔을 마시거나 잠시 이웃을 만나 노닥거리거나, 홀로 산책을 하거나, 심지어 식탁에 앉아 밥을 한 숟가락씩 떠먹을 때, 연인과 사랑을 나눌 때, 햇빛 비치는 마룻바닥을 걸레질할 때에, 그저 멍하니 서서 나무 한 그루와 한 그루 사이의 안개를 바라볼 때, 우리는 그런 사소하고 가벼운 모습으로 현재에 있다. 생업은 아마도 가장 무거운 현재성일 것이다. 생각하면 과거의 짐과 미래의 불안으로부터 독립해 온전하게 현재에 존재하는 것이야말로 얼마나 초월적인지. 현재야말로 매순간 얼마나 눈부신 기회인지… 평정을 유지하며 현재성 속에서 능동적으로 살아 움직이는 사람이야말로 소박한 초인이 아닐까.

전경린 『풀밭 위의 식사』 '작가의 말'

참 어렵지만 그래도 노력해야 할 일은 '현재를 회복하는 일'. 그래서 매일매일이, 매순간이 얼마나 눈부신 기회인지를 깨닫기만 한다면 남은 인생은 축복이 될 텐데. 한 가지 다행인 것은 20대 시절의 현재보다는 지금의 현재가 가벼워졌다는 것.

'내 손안의 작은 새'

매일 느끼는 작은 기쁨이 모이고 쌓여 진정한 행복이 된다는 걸 깨닫기만 하면 영원한 행복은 있다고 믿습니다. 밀크커피 한잔, 와인 한잔, 발음 연습을 위해 시작한, 매일 시 읽기.
이 TV 프로그램은 '행복이란 매일의 작은 행복, 즉 내 손안에 있는 작은 새'라는 결론을 내렸습니다. 이 말대로라면 저는 잘 살고 있는 거 아닙니까?

한비야 '서울주보'

어느날 앞으로 내가 읽을 고전 목록을 만들어야겠다고 생각했다. 이젠 읽고 싶은 책을 모두 읽을 수 없다는 것을 알았다. 나이가 들면 독서 취향도 달라지는 것 같다. 지금까지는 확장과 발견, 재미를 위한 독서였다면, 이젠 집중과 반복으로 삶의 핵심만 필요하다고 할까? 이 목록 만들기가 요즈음 '내 손안의 작은 새'를 만드는 과정인데, 이런 일상의 작은 기쁨들은 삶이 내게서 도망가지 못하도록 붙잡는 데 많은 힘이 된다.

그리스인 조르바식 행복

우리는 밤이 깊도록 화덕 옆에 묵묵히 앉아 있었다.

행복이라는 것은 포도주 한 잔, 밤 한 알, 허름한 화덕, 바닷소리처럼 단순하고 소박한 것이라는 생각이 들었다. 필요한 것은 그것뿐이었다. 지금 한 순간이 행복하다고 느껴지게 하는데 필요한 것이라고는 단순하고 소박한 마음뿐이었다.

니코스카잔차키스 『그리스인 조르바』

한 며칠을 날 것 그대로, 조촐하게 먹었다. 허전할 거란 예상과 달리 내가 담백해지고 고급스러워지는 느낌이었다. 입맛의 문제가 아니라 개인적 품위 차원의 문제인데, 어쩜 단순하고 소박한 식사가 좀 더 삶의 단수가 높은, 아주 우아한 스타일일 것이란 생각이 살짝 들었다.

럭셔리한 인생의 조건

로마 등의 유럽 도시에 가면 유구한 역사가 담긴 고성(古城) 호텔이 많다. 언뜻 낡고 허름해 보이지만 이런 곳은 별 5개를 훨씬 뛰어넘는 기품이 있다. 한때 파리 뫼리스 호텔을 미국의 거대 자본이 사려고 했는데 이때 파리 시가 한 말이 있다. "럭셔리는 결코 돈을 주고 살 수 있는 것이 아니다." 이 경우에서 보듯 유럽 귀족들의 호화롭고 기품 있게 살았던 역사는 절대 돈을 주고 살 수 없다. 럭셔리는 시간과 정신과 오랜 생활 습관이 만드는 것이다.

이어령 칼럼 '럭셔리한 인생의 조건'

매일 30분 이상 걷고, 군것질 하지 않고, 최신 유행 좇는 일을 그만두고, 물건을 사지 않고, 가공식품을 먹지 않고, 제철 식재료로 직접 요리하고, 생활쓰레기를 줄이고, 물을 아끼고, 집을 깨끗하게 정돈하고, 옷을 사지 않고, 스트레칭하고, 적은 돈이라도 기부하고, 만나는 모든 사람에게 친절하고 상냥하게 대하고, 시와 소설을 읽고, 날마다 기도하려고 한다. 럭셔리는 시간과 정신과 오랜 생활 습관이 만드는 것이라면, 나의 럭셔리한 인생은 요즘 이렇게 진행되고 있다.

감수성의 질과 '현재' 능력

어떤 사람에게는 눈앞의 보자기만한 시간이 현재이지만, 어떤 사람에게는 조선시대에 노비들이 당했던 고통도 현재다. 미학적이건 정치적이건 한 사람이 지닌 감수성의 질은 그 사람의 현재가 얼마나 두터우냐에 따라 가름될 것만 같다.

황현산 『밤이 선생이다』

그래서 내 보자기만한 시간으로는 과거의 삶에서 자양분을 얻지도 못하고, 내 얄팍한 현재는 언제나 졸렬했었나, 하는 자괴감이 든다.

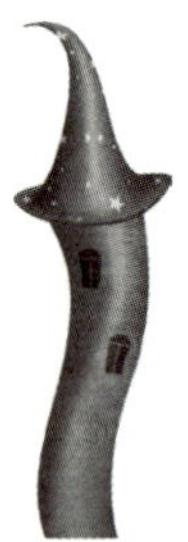

작업실에 관한 로망

중요한 건 혼자 숨 쉴 공간이었다. 멍하게 면벽하고 시간 죽이는 것도 작업이다. 나만의 비밀 공간에 틀어박히는 것, 누군가는 그것을 현대인의 로망이라고 표현했다. 나는 로망의 사명을 지니고 이 땅에 태어났음에 틀림없다. (…) 문을 열고 발을 디디는 순간 탄성과 탄식. 감동과 회한, 그런 감흥이 일지 않으면 그것은 작업실이 아니다. 그런 점에서 작업실은 추억의 공간이다. 당장의 한순간 한순간이 추억의 시간이다. 작업실에서 살아간다는 건 추억을 생산하며 살아간다는 뜻이다.

김갑수 『지구 위의 작업실』

직장을 나와 제일 먼저 내 작은 아파트에 방 하나를 작업실로 만들었다. 널찍하고 심플한 ㄱ자 책상과, 한 벽면을 통째로 장식한 책장을 새로 들였다. 이 책상에 앉으면 내 시선은 수시로 창밖을 향하게 되는데, 외로울 때도 있지만 자의식이 강해지는, 기분이 고양되는 때도 많다. 남들은 이런 외로움과 고양되는 기분을 살면서 얼마나 느끼는지 궁금하다.

미각이 늙기 전

동행한 사람은 아무도 전갈을 먹지 않았다. 그 덕에 혼자서 전갈 서너 마리를 해치웠다. 적당히 오른 취기와 귀한 음식을 먹은 즐거움으로 행복했다. 미각도 늙으면 쇠퇴하는 감각이다. 더 나이 들어 맛조차 잃어버린 신세란 처량하기 짝이 없을 것이다. 색다른 맛의 도전도 인생의 풍요를 누리는 한 방법이다. 입에 맞지 않을 땐 뱉으면 그만이다. 새로운 발견의 기쁨은 널려 있다. 괜한 고집으로 밋밋하게 사는 동안 나이만 먹는다.

윤광준 『마이 웨이』

요즘 밥이 달다. 현미밥도, 들깨나물무침도, 깻잎오이냉국도, 깍두기도 참 맛있다. 이 훌륭한 미각은 마음의 여유가 가져다준 선물인 것 같다. 오늘 저녁에는 무엇을 먹을까, 고심하는 나를 한심의 눈으로 볼 바쁜 사람들이 내 주위엔 많다. 뭐, 예전의 나는 더 심했으니까. 지금은 '무엇을 먹을까'는 '어떻게 살 것인가'와 멀지 않다고 한 어느 건축가의 말을 더 믿는다.

'내 인생의 옥상 파티'

"정자는 아홉 자 아홉 자 크기지만 뭐든지 할 만하다. 슬레이트 지붕에 듣는 빗소리를 들으면서 처마 낙수 사이로 비 떨어지는 바깥을 바라보며 술 마시는 순간이란, 그 어떤 종류에 비할 수 있으랴. 혼자 책 읽기도 좋고 하늘 보고 인터넷 하는 느낌도 새롭고 글쓰기도 좋다. 언젠가 이 정자에서 추리소설 한 권, 시나리오 한 편을 써 보리라."

김인철 외 등저 『건축가는 어떤 집에서 살까』 중 김진애 글

지금은 돌아가신 아버지의 별명은 '옥선생'이었다. 저녁 식사를 마시면 아버지는 막내인 나를 향해 한쪽 눈을 깜빡, 검지로 당신의 코끝을 튕기면서 '옥선생' 하고 나가신다. 옥상으로 코피(?) 한 잔 가져오라는 뜻이다. 당신 입맛에 맞는 커피, 설탕, 프림의 황금 배합 기술은 내가 최고였기에 그 심부름은 아주 오랫동안 내 몫이었다. 부엌 뒷정리를 마치고 맨 마지막으로 엄마가 나무평상에 합류한다. 모기향도 피우고 수박도 먹고, 여름 밤하늘의 별을 보았다. 이 한 평 남짓 공간의 도란거림도 한 시절뿐이라는 것, 그때는 아무도 몰랐다.

재즈클럽

지금도 재즈클럽에 가는 걸 좋아한다. 혼자 훌쩍 조그만 클럽에 들어가서 위스키 온더록스를 주문하고 라이브 연주를 듣는다. 그럴 때는 '나이를 먹는 것도 뭐 그렇게 나쁘지 않네'라는 생각을 한다. 고교시절에는 재즈클럽 같은 데 가고 싶어도 못 갔으니까.

무라카미 하루키 『샐러드를 좋아하는 사자』

최근에 한강대교를 건널 때 아주 멋진 저녁노을을 보았다. '10퍼센트의 쓸쓸함을 위해서라도 우리는 종종 오래된 가구처럼 삐걱거려야 한다'는 나희덕의 시에 나오는, 그 '10퍼센트의 쓸쓸함'이 가득 차오르는 기분이랄까. 지금도 이렇게 아름다운데, 더 나이 들어 보는 황혼은 얼마나 근사할까, 그때 '나이 먹어도 나쁘지 않네' 생각했던 것 같다.

보통의 존재, 행복의 크기

미련이 많은 사람은 인생이 고달프다고 한다. 그래, 산다는 건 그저 약간의 안도감을 가지고 시내 대형서점에 들러 책 한 권을 고르는 것에서도 충분히 행복을 느낄 수 있는 것이다. 오늘 나를 행복하게 하는 것들이 가족 중에 암에 걸린 사람이 없는 것, 빚쟁이들의 빚 독촉 받을 일이 없는 것, 먹고 싶은 라면을 지금 내 손으로 끓여먹을 수 있다는 하찮은 것들뿐이라 해도 누가 뭐라고 할 수 있는 것은 아니다. 그리고 그러한 행복의 크기가 결코 작은 것 또한 아니다.

이석원 『보통의 존재』

별거 아니지만 기분 좋은 날이 있다. 내게는 동네 시립도서관에 신청한 도서를 찾아가라는 문자 받을 때, 도서관 서가를 어슬렁거리다 의외의 책을 건졌을 때, 내가 좋아하는 소설가의 신작이 출간되었을 때, 백화점 마트에서 싸구려 와인과 연어회까지 반값에 사고 어스름 길 걸어올 때, 뭐 이런 자잘한 것들이 그런 날이다. 가끔은 내가 이렇게 사소해도 되나, 의기소침하다가도 내 앞의 세상은 단순하고, 적당한 안도감도 들고 해서 뭐 어때, 하게 된다.

기억에 남을 순간

그런 면에서 저는 행복합니다. 나이가 들수록 더, 그리고 다른 사람보다 조금 더 볼 수 있는 것 같습니다. 한가로운 일요일 오전 11시에 고양이가 내 무릎에 앉아 잠자고 있고, 제이슨 므라즈의 음악이 들리고, 책 한 권 읽는, 그런 순간이 잊히지 않을 겁니다. 그리고 이런 순간이 몇 개가 각인되어 있느냐가 내 삶의 풍요라는 생각이 듭니다.

박웅현 『책은 도끼다』

행복은 '추구'가 아니라 '발견'이라는 이 저자가 생각하는 '삶의 풍요'를 생각해본다. 사소한 일상일수록 놓치기 쉬운 행복이 숨어있다는 것. 훗날 우리가 그리워하고 돌아가고 싶은 순간도 이런 일상의 순간일지도 모른다.

중세 유럽풍 로망

가장 끈덕진 작업실의 동거인은 바로 키치. 키치적 욕망이다. 가령 줄라이홀에는 종류도 국적도 일일이 헤아릴 수 없는 온갖 초와 촛대가 사방에 널려 있다. 변명인즉 음악 감상용 조명이라는 건데 실은 환상과 우아와 낭만의 소도구다. 음악 감상용으로 이미 서너 가지의 간접 조명이 설치되어 있건만 그걸 죄다 놓아두고 촛불만 간지럽게 탄다. 이름하여 중세 유럽풍이라고… 내 안에서 언제나 두 가지 키치가 다툼을 벌인다. 베토벤, 브람스, 말러를 뜨겁게 사랑하고 있으니 유럽식 촛불의 환상, 그거 자연스럽게 어울리는 일 아냐?

김갑수 『지구 위의 작업실』

촛불의 향연을 즐기는 이 남자에게서 즐거운 비장미(?)가 느껴진다. 가끔 혼자 술을 마시거나, 마음이 어수선해지면 내 방에 초를 켜두는데, 적당한 운치도 있지만 내 초라한 삶을 들키지 않고 적당히 감출 수 있어서 좋다. 퍽퍽하고 건조한 중년의 마음이 말랑말랑해지기 위해서라면 환상과 우아와 낭만적 착각을 불러오는 이런 소품이 때로는 필요하다.

나에게 감탄사를 선물하는 시간

내게 주는 시간이 특별한 순간은 아니다. 그저 하루에 한 번 고개를 들어 이 맑고 푸른 하늘을 보게 해주는 것, 꽃 몇 송이라도 사서 꽃향기를 흠뻑 만끽하게 해주는 것, 아름다운 음악을 들어 귀를 호강시켜주는 것 등등 자신에게 감탄사를 선물하는 것이다. 레오나르도 다 빈치의 말처럼 평화롭고 충실하게 잘 보낸 하루가 평온한 잠을 부르듯, 매일매일 잘 살아낸 나날들이 아름다운 죽음을 가져올 게다. 나와 잘 화해하고 잘 지내야 남은 삶을 평화롭게 보내고, 죽는 순간에도 덜 억울하지 않을까.

유인경 『이제는 정말 나를 위해서만』

요즘 아침이 즐겁다. 핸드 드립 커피, 5월의 햇빛과 공기, 아침용 클래식 피아노곡 몇 개, 창밖 내다보기. 매일 야근하던 시절에 비하면 감히 꿈도 못 꿀 호사다. 비록 커피 한 잔 마시는 시간 동안이라도 아름다운 하늘에 감사하고, 아직도 꿈을 꿀 수 있다면 그것으로 충분하다. 나, 이제야 내 인생과 화해하기 시작한 걸까.

봄에 대한 예의

그 후 나는 해마다 3월이 되면 지리산 쌍계사로 내려가 글을 쓰며 보름쯤 지내다 돌아오기를 반복했다. 벚꽃이 필 무렵 내려갔다가 꽃이 다 지면 서울로 돌아오는 것이다. 그래야만 심정적으로 나이를 더 먹을 수 있었다. 어느덧 나는 봄을 사랑하게 된 모양이었고 그러므로 그 계절을 애인인 듯 소중히 맞이하곤 했다. 누군가를 사랑하면 내 존재 또한 스스로 소중해지게 마련이다. 봄은 내게 그러한 깨달음을 가져다주는 것이었다.

윤대녕 『이 모든 극적인 순간들』

꽃들이 흐드러지게 필 이 비상사태에 방콕은 예의가 아니라고, 광고인 박웅현이 말했는데, 아마 내 존재가 퇴보했다면 그런 찬란한 순간들을 많이 놓친 것 때문이 아니었을까, 생각도 해본다. 이제는 어떤 마음으로 해마다 나이 한 살을 먹어가야 하나? 늘어진 태엽을 다시 감아 줄, 나만의 계절을 만들고, 사랑하고 싶지만 내 존재를 소중히 할 깨달음의 봄은 아직 멀었다.

겨울바다의 깊은 맛, 매생이국

오늘 아침에도 굴과 다진 마늘을 넣은 매생이국을 먹고 나왔다. 맑고 따뜻하고 조용한 겨울 바다에서 자랐기 때문일까. 그 부드러운 감촉이 깊은 맛으로 변한다. 겨울바다의 결이, 고운 모발이 내 몸 안에서 천천히 퍼져나간다. '야, 그 뻴밭 참 달다'.

이문재 『이문재 산문집』

몸으로 느끼는 맛이 이런 것일까. 시골 오일장, 새벽 밭에서 막 캐온 싱싱한 야채와 과일로 정갈한 식탁 차리고 싶다. 좋은 식사는 마음도 다스린다고 나 역시 믿는다.

'마흔 번' 봄을 맞이한 것도 '축복'

일찍이 피천득 선생이 쓴 '봄'이라는 수필에서 본 '복숭아, 살구꽃 그리고 라일락, 사향장미가 연달아 피는 봄, 이러한 봄을 마흔 번이나 누린다는 것은 적은 축복이 아니다'라는 구절이 불현듯 떠오른다. 선생은 아마도 마흔 살 됐을 때 이 수필을 썼을 것이다. '마흔 번' 봄을 맞이한 것도 '축복'이라 했거든, 그보다 훨씬 더 많은 봄을 맞이하고 보냈으니 나는 정말 크게 축복받은 사람임에 틀림없다. 축복에 겨워서 끝내 참지 못하고 마침내 매화그늘에 앉아 아무도 몰래 소주병 마개를 딴다. "미치겠네, 정말." 헛것을 본 사람처럼 그런 말이 입속을 비집고 나온다.

박범신 『산다는 것은』

나이 들면 대체로 계절에 민감해진다. 그만큼 순해지는 건지는 잘 모르겠지만, '즐거워야 인생'이라고 하니, 인생의 어느 한 시기를 홍청망청하느라 억울하게 놓쳐버린 그 아름다운 계절, 지금부터라도 천천히 즐길 작정이다.

글 쓴 후 맥주 마시기

소설은 잘 써지는 날보다 써지지 않는 날이 훨씬 더 많다. 그래도 끈기 있게 책상 앞에 앉아 있을 수 있는 힘은 이것만 해내면 시원하게 맥주 한 잔 마실 수 있다, 라는 기다림 때문이다.

다행히 하루가 평온하게 지나가고 오늘 분량의 원고까지 마쳤다. 이제 냉장고 문을 열고 틈틈이 사 모은 각종 맥주 중에서 오늘의 맥주를 느긋하게 고른다. 나에게 행복이란 다른 순간보다 조금 더 나은 그런 순간이다. 바로 지금, 일을 마친 후 맥주 첫 모금을 들이켤 때, 입 안 가득 향미가 퍼져 나간다. "별안간 맹렬한 생활의 의욕"이 느껴진다.

조경란 칼럼 '행복노트'

'다른 순간보다 조금 더 나은 순간이 바로 행복'에 밑줄 긋는다. 이런 반가운 문장은 내 일상에 마법처럼 다가와 가슴 환한 기쁨을 준다. 아마 이런 게 행복을 아는 마음일 것 같고, 이후로는 인생의 이 긴 시간들을 지금보다 잘 인내할 것 같다.

“한가로이 낮잠 잘 수 있어 다행이야”

자랑은 아닌데 나는 낮잠을 잘 잔다. 작업 공간의 소파에서 매일 같이 한숨 잔다. 일을 한참 하다보면 머리가 멍해져서 ‘이건 안 되겠어. 잘 수밖에’ 하고 누워서 바로 잠에 떨어진다. 그리고 정확히 삼십 분 만에 눈을 뜬다. 그러면 머리는 한결 개운해지고 기분은 긍정적으로 정화되어 바로 일을 계속할 수 있다.

그래서 오후 1시경에 소파에 누워 슈베르트의 현악5중주곡을 듣는 둥 마는 둥 들으면서 “아아, 오늘도 특별히 상처 입는 일 없이 이대로 한가로이 낮잠을 잘 수 있을 것 같군. 다행이야” 하고 인생에 감사한다.

무라카미 하루키 『샐러드를 좋아하는 사자』

오늘도 특별히 상처 입는 일 없이 평온하게 보낸 하루가 감사한 일인 것을 더 늦지 않게 알게 되어 다행이다. 이렇게 다행이라서 감사한 날이 많으면 얼마나 행복할까….

삶에서 우연과 무심함이란 요소

커피테이블이 소파와 어울리지 않아 고민하고 있다면 우린 그 고민을 좀 더 즐겨야 할지도 모른다. 그 고민이야말로 우리의 거실을 살 만한 공간으로 만드는 것일 수도 있기 때문에. 더구나 완벽한 코디를 이룬 실내는 이상하게도 '대단하다'는 몰라도 '아름답다'는 반응을 낳지 않는다. 삶의 구석구석까지 침범하는 장식과 디자인은 그 삶에서 우연과 무심함이란 요소를 지우는 것이다. 아름다움이란 완벽한 조화와 균형보다 그 절묘한 벗어남에서 온다.

박상미 『취향』

모든 행복은 우연히 마주치는 것이라고 광고인 박웅현이 말했다. 우연과 무심함으로 가장한 행복이 내 삶 구석구석에서 튀어나올 수 있도록 지금보다 많이 '헐렁하게' 살아야겠다.

귀가 열리고 새로운 세계를 배우는 즐거움

상층 문화에 대한 나의 본능적인 거부감은 아마도 전쟁을 겪으며 입에 풀칠하는 게 최대의 관심사였던 우리 부모세대로부터 물려받은 문화적 허기에서 비롯됐으리라. 오랫동안 내 귀는 막혀 있었고, 대학에 와선 그 막힘과 결핍이 오히려 자랑이었다. 노래 하나 듣는 데도 계급을 갖다 대야 했던 그 시절에 아- 이건 모차르트군, 저건 베토벤이군, 가려듣는 인간들을 난 지적 속물로 취급해 경멸했었다. 그런 내가 지금 '바흐에서 바르톨리까지'의 열렬한 팬이 되어 비로소 귀가 열리고 새로운 세계를 배우는 즐거움에 가슴이 설렌다.

최영미 『길을 잃어야 진짜 여행이다』

한가한 평일 대낮에 덕수궁 전시회에 갔다. 한복을 곱게 차려 입으신 할머니가 그림 앞에 서계셨는데, 순간 애잔했다. 비록 머리는 하얗게 세고, 군데군데 검버섯 핀 얼굴이지만 그림을 보는 그 눈은 나보다 훨씬 젊었고, 앞으로도 늙지 않을 것이었다. 나도 저렇게 아름다운 것들을 많이 보고 들으면서 젊게 늙어야겠다는 생각, 해본다.

그림 그릴 때 드는 느낌

"내가 가장 잘한 결정이 교수직 그만둔 것과 그림을 시작한 것이다. 상황에 밀려 결정한 것이 아니라 주체적으로 한 결정이기 때문이다. 교수 체질이 아닌데 억지로 하던 교수직을 그만두니 행복하다. 학생들에게 강의는 해도 그들을 따뜻하게 배려하는 마음은 부족했다. 그림 역시 내가 어떤 대상에 이렇게 몰두한 적이 없었을 정도로 재미있다. 말과 글 등 자기표현의 수단이 많은데, 말과 글은 나중에 후회하거나 스트레스의 원인이 될 때가 많다. 그림은 가장 후회 없는 자기성찰의 수단이다. 논리적 성찰은 아니지만 점점 훌륭한 사람이 되는 느낌이다. 위대한 사람들이 대부분 만년에는 전공에 관계없이 다들 그림을 그리지 않았나?"(김정운)

유인경 칼럼 '유인경이 만난 사람'

'훌륭한 사람이 되어가는 느낌'은 아마도 자기성찰 x 만족 x 성장의 느낌이 아닐까?

'잘 늙어가는 것'이 인생 숙제가 된 나이니만큼 동년배의 누가, 어디서, 무엇을 하는지 귀가 팔랑거린다.

도서관에서 보내는 오후

쫓기듯 나오긴 했어도 도서관을 나올 때는 느긋한 기분에 빠져들고는 한다. 오후를 이런 식으로 보내는 것, 정기간행물 실에서 건축이나 미술, 미용, 산악, 낚시, 가구에 관한 책을 읽거나 과월호 계간지를 보는 것, 그리고 책을 읽고 책을 찾는 사람들을 바라보는 것, 이런 오후라면 그 주에서 가장 평온한 오후가 된다는 걸 안다. 한 문장도 떠오른 게 없고 쓰지도 못했지만, 괜찮다. 조금 추웠는데 누군가 목에 톡톡한 목도리를 하나 둘러준 느낌이랄까. 해가 기울어가는 도서관을 나올 때는 그런 느낌이다.

조경란 『백화점』

제주 바닷가의 작은 마을 근처에 도서관이 있는지 인터넷을 검색해보니 조천도서관이 있다. 특히 예술과 건축 전문서적이 많다는 이 도서관의 단아하고 고즈넉한 전경 사진을 보는 순간 가슴이 마구 뛰었다. 요즘 원고 작업이 더딜 때마다 자전거를 타고 해변도로를 달려 도서관에 가는 상상을 한다.

내 생애 첫 '축제'에 대한 그리움

비행기가 이륙하는 짧은 순간, 지난 한 달이 파노라마가 돼서 시야를 스쳐 갔다. 지팡이로 땅을 찍어가며 가파른 산길을 오르는 내 모습이 보이는 것 같았다. 목 밑에서 무언가가 울컥 치밀어 놀랐다. 아마도 세상 밖 세상에 존재했던 나에 대한 그리움일 터였다, 특별한 곳에서 맞닥뜨린 특별한 '순간'에 대한 그리움, 쏘롱라패스에서, 새벽녘의 다올라기리 앞에서, 파우스트처럼 소리치고 싶었던 내 생애 첫 '축제'에 대한 그리움.

정유정 『히말라야 환상방황』

'세상 밖 세상에 존재했던 나에 대한 그리움'

'내 생애 첫 축제에 대한 그리움'

내 작은 수첩에 받아쓰기 숙제를 하는 아이처럼 또박또박, 천천히 썼다. 더 늦지 않게 나도 그런 특별한 '순간'을 꼭 만나게 될 것이라는 간절한 염원을 담아서. 난 글쓰기의 주술성을 강하게 믿는 편이다.

이제는 돈보다 시간이 더 아까운 자산인 나이

내게 좋은 아날로그 음악을 들려주는 주역은 내 나이와 같은 오르토폰의 SPU 카트리지이다. 25년 가까이 한 카트리지만을 사용한 셈이다. 종종 아침부터 저녁까지 귀에 딱지가 앉도록 SPU로 레코드를 돌리곤 한다. 그런 날엔 밥도 먹지 않고 술도 마시지 않는다. 그레고리언 성가에서 바로크 음악을 거쳐 고전과 낭만, 현대 음악까지 마음껏 틀어댄다.

처음엔 비싼 카트리지 바늘이 닳을까봐 엄선한 레코드만 듣기도 했다. 최근에야 내게 남은 의미의 시간은 고작 20년 정도라는 것을 깨달았다. 돈보다 시간이 더 아까운 자산임을 미처 몰랐다. 더 좋은 음악을 듣기 위해 나는 SPU를 혹사시키기로 했다. 아무리 열심히 레코드를 돌린다 해도 내겐 앞으로 서너 개 정도의 SPU를 쓸 시간밖에 남지 않았다. 레코드를 돌려 듣는 천상의 음악을 매일매일 스스로를 일깨우는 자양분으로 쓸 요량이다.

윤광준 『마이 웨이』

7장

더 나은 사람이 된다는 것, 중년의 품격

윤리란 "이대로 죽어도 괜찮을까"에 있는 것, 즉 자기 삶이 헛되지 않았음을 알게 하는 것입니다. 윤리적 삶을 산다는 것은 이 세상의 온갖 고통에 연민을 느껴 더 나은 곳으로 바꾸고자 애쓴 위대한 전통에 참여하는 것입니다. 너무 늦기 전 이 자기 완성을 향한 첫걸음을 내디뎌야 합니다.

절세의 미인도 사랑을 잃으면

엄마의 아름다운 얼굴을 본 것은 아마도 그때가 마지막이 아니었나 하는 생각이야. 그 후 한 번도 엄마가 드물게 예쁜 얼굴이란 생각을 한 적이 없어. 빛이 사라졌거든. 영감에게 다른 여자가 생겼다는 걸 직감으로 눈치 챈 거야. 이해가 가? 전구가 꺼지듯 어느 날 갑자기 빛이 사라져버린 거야. 그때 알았지, 인간의 영혼은 저 필라멘트와 같다는 사실을. 어떤 미인도 말이야. (…) 그게 꺼지면 끝장이야. 누구에게라도 사랑을 받는 인간과 못 받는 인간의 차이는 빛과 어둠의 차이만큼이나 커.

박민규 『죽은 왕녀를 위한 파반느』

직감상 남자가 이상하다(?)고 느끼는 순간부터 여자는 서서히 빛이 사라진다. 누구보다 먼저 자신이 잘 안다. 지루한 이별과정 거친 후 남는 건 너덜너덜해진 자존심과, 언제 무너질지 모르는 불안한 눈빛과 숯덩이 된 심장. 아마도 그때가 내 인생에서 가장 늙었던 것 같다.

한 사람과 오래 산다는 것

오래 결혼 생활의 좋은 점은 한 사람을 깊고 넓게 알게 된다는 것이다. 내가 사랑한 사람이 겨우 이 정도인가 절망하다 이 사람이 이렇게 괜찮은 사람인가, 라는 뜻하지 않은 경험을 하기도 한다. 이것은 피차 마찬가지다. 한 사람과 오래 산다는 것의 진정한 장점은 서로 못볼 꼴을 다 본 뒤에도 그래도 사랑이 남아 있다는 점일 게다. 사랑이 변화하고 진화하고 발전하는 과정을 거치는 것은 그 나름대로 근사한 점이 있다. 하룻밤 사랑으로는 결코 알 수 없는 경지가 있다는 것이다.

김선주 『이별에도 예의가 필요하다』

오래 산 부부에게서는 무정한 세월과, 할 일을 다 했다는 당당함이 전해진다. 그래서 나는 아주 험하고 먼 길을 함께 걸어온 세상의 모든 노부부들을 존경한다. 감히 하룻밤 사랑 따위로, 몇 년 연애 따위로 사랑이 어쩌네 저쩌네 할 경지는 아닌 것 같다.

그날의 기억밖에 없는 삶

마음속에 쌓인 기억이 없고 사물들 속에도 쌓아둔 시간이 없으니, 우리는 날마다 세상을 처음 사는 사람들처럼 살아간다. 오직 앞이 있을 뿐 뒤가 없다. 인간은 재물만 저축하는 것이 아니라 시간도 저축한다. 그날의 기억밖에 없는 삶은 그날 벌어 그날 먹는 삶보다 더 슬프다.

황현산 『밤이 선생이다』

속이 뜨끔하다. 그날의 기억밖에 없으니 세월이 쏜살같을 수밖에. 남들은 생각의 지층이 가까운 미래는 물론 지난 세월에서도 뭔가를 끄집어낼 만큼 확장되어 있는데, 고작 나의 생각은 내 책상 주변에만 머무를 뿐이다. 내 삶에는 쌓이는 게 없다. 어떻게 오십 년을 살아도 삶이 익숙해지지 않고 매일 출발선에서 다시 뛰는 장거리 선수처럼 아마득한지 모르겠다.

"이대로 죽어도 괜찮을까"

다른 사람이 된다는 것, 더 나은 사람이 되고 싶다는 것, 그것이야말로 저는 윤리의 문제가 아닐까 생각합니다. 오에 겐자부로의 『우울한 얼굴의 아이』에서 소설가 고기토의 나이 든 어머니는 윤리에 대해 이렇게 말합니다.

윤리의 문제가 있다고 말한다면 그거야말로 나같이 나이 먹은 사람이 아침저녁으로 생각하고 있는 문제죠! 언제 죽어도 이상할 것 없는 나이가 된 사람이 이대로 죽어도 괜찮을까 생각하면서…. 아마 이런 것이 윤리가 아닐까 싶습니다. "이대로 죽어도 괜찮을까" 같은 것 말입니다.

정혜윤 『삶을 바꾸는 책 읽기』

쓸데없는 것에 시간과 에너지를 낭비하지 않고, 더욱 자연과 가까워지기 위해 나는 더 적게 입고 적게 쓰고자 한다. 이것은 내가 특별히 무슨 '-주의자'여서가 아니라, 더 깊고 내밀한 만족감을 찾기 위해서다. 이 '작은 욕망'을 내 맘대로 '나의 윤리'라고 생각하기로 했다.

한 그루 나무처럼 살고 싶다

그 헐벗은 나무를 보며 생각했다. 그동안 나는 사소한 일에도 얼마나 자주 마음이 흔들렸던가. 또 어쩌다 상처를 받게 되면 얼마나 많은 원망의 시간을 보냈던가. 그리고 나는 길을 잃은 사람이 다시 찾아올 수 있도록 변함없이 그 자리에 서있었던 적이 있었던가. 그렇게 말없이 기다림을 실천한 적이 있었던가. 이제부터는 한 그루 나무처럼 살고 싶다. 자기 자리에 굳건히 뿌리를 내리고 세월이 가져다주는 변화를 조용히 받아들이며 가끔은 누군가 찾아와 기대고 쉴 수 있는 삶이 되었으면 싶다.

윤대녕 『이 모든 극적인 순간들』

"아름답게 있는 것보다 거대하게 있는 것이 더 쉬운 법"이라고 니체는 말했다. 가끔은 누군가 찾아와 기대고 쉴 수 있는 삶, 길 잃은 친구를 위해 그 자리에 변함없이 서있는, 한 그루 나무가 되려면 난 아직도 멀었다. 거대한 것에 기대어 거대해지고 싶은 마음, 지금도 없지 않다.

윤리적 삶은 자기희생이 아니라 자기완성

아직도 삶의 목적이란 게 있을까요? 돈, 사랑, 가족 말고 추구할 만한 가치가 있을까요? 있다면 과연 무엇일까요? 지난 수백 년간 정치 투쟁이 종교의 역할을 대신했지만 현대사를 돌아보면 정치만으로 세상의 문제를 모두 해결할 수 없음을 분명히 알 수 있습니다. 어떤 대안이 있을까요? 그것은 바로 우리가 윤리적 삶을 살 수 있다는 것입니다. 윤리적 삶은 자기희생이 아니라 자기완성입니다.

피터 싱어 『이렇게 살아가도 괜찮은가』

책이나 시 같은 문학을 읽는 사람이 사회적 참여의 비율도 높다고 한다. 마찬가지로 음악회나 미술관을 찾는 횟수도 더 많다고 한다. 수전 손택이 말하길 '책은 온전한 인간이 되는 방법'이라고 했는데, '자기완성'과 '온전한 인간되기'가 서로 닿아 있듯이, 책 읽는 사람의 삶은 윤리적 삶과 많이 닿아 있을 것이라고 믿는다.

수십억 분의 1만큼 세상에 힘 보태기

사람이 한세상 살다 가는 것이 어떤 의미가 있는가. 어떤 의미가 있어야 하는가, 라는 질문을 할 때가 있다. 누구의 자식으로 태어나 누구의 부모로 살면서 그 핏줄의 의무에만 충실하게 살다가 가는 것이 사람의 도리라고는 할 수 없기 때문이다. 그거라면 다른 동물들도 다 하는데 사람의 삶이라면 뭔가 달라야 하지 않을까. 세상이 내가 태어나기 전보다 수십억 분의 1만큼은 좋아지길 바라고 수십억 분의 1만큼만 힘을 보탠다면 사람으로서 살다 간 보람이 있는 것이 아닐까 정도로 나는 인생의 의미를 정리했다.

김선주 『이별에도 예의가 필요하다』

나라 안팎에서 끔찍한 일이 벌어질 때마다 정신적 쇼크가 커서, 자구책이 필요했다. '희망해' 같은 기금 모금 사이트에는 국내외에서 도움이 절실한 사연들이 올라와 있다. 치유와 행복을 바라는 댓글이 수백 개 달려있고, 3천 원 기부하면서 죄송하다는 글도 있다. 울컥했다가, 감격했다가, 하면서 상처와 분노를 추스르게 된다. 이 많은 착한 마음들처럼 나도 수십억 분의 1만큼 세상에 힘을 보태는 중이다.

서당의 훈장이 내 꿈

귀향하면서 '노년의 꿈'을 꾼 게 있습니다. 그 하나는 번역 일에서 은퇴하게 되면(66세 예정) 서당을 만들어 아이들에게 가르칠 생각을 가지고 있습니다. 내 서당에서는 옛날처럼 공자 왈 맹자 왈을 가르치는 게 아니라 책읽기와 글쓰기를 가르치려고 합니다. 그 요령이 아니라 근본을 가르치고 싶은데, 충실한 훈장이 되려면 나도 공부를 열심히 해야겠지요.

김석희 『이 또한 즐겁지 아니한가』

'책읽기와 글쓰기의 근본을 가르치는 서당 훈장', 재능 기부하고 지역사회에 봉사하는 시민의 의무, 게다가 그 훈장이 되기 위한 자질과 덕목들을 스스로 갖추어 나가는 과정으로서의 삶. 이렇게 늙는 것도 괜찮겠다 싶다. '가야 할 길을 아는 자의 평화로움'이 요즈음 내겐 참 간절하다.

경조사 챙기기

중년에 접어들면 친구들 간에 연로하신 부모님의 사망 소식이 많이 들려온다. 개중에는 별로 친하지 않아서 굳이 조의금을 보내거나 찾아가 보기가 부담스러운 경우도 많다. 하지만 경조사가 '품앗이'의 현실이 되는 변곡점이 중년이란 걸 잊지 말아야 한다. 찾아가는 만큼, 챙기는 만큼 나에게도 그렇게 돌아온다. 게다가 더 중요한 것은 혼자 고민할 게 많고 외로움을 느끼기 쉬운 시기에 나를 이해하고 배려해 줄 수 있는 친구를 만들 수 있다는 것이다.

고철종『40대 남자 이야기』

친하게 지냈든, 그렇지 않든 형식적인 위로도 그립다는 것을 아버지 장례식을 치룰 때에야 알았다. 경조사가 '품앗이'의 현실이 된 한국 사회에서 언젠가 맞게 될 부모님의 부재를 생각할 우리 나이에는 의례적인 말도, 위로의 힘이 대단하지, 싶다.

종교란 사랑을 실천하는 것

고등교육을 받은 현대인들의 의식 수준은 한 종교에 묶일 수 있는 단계를 넘어선 지 이미 오래다. 우리나라 종교도 사정이 이와 크게 다르지 않다. 아직은 지독한 배타의 목소리가 크게 들리지만, 침묵하는 다수의 의식 속에 종교란 결국 사랑을 실천하고 평화를 이루기 위한 것이라는 평범하지만 심오한 생각이 일반화되고 있다.

길희성 『길은 달라도 같은 산을 오른다』

종교에 대해 항상 궁금했던 것 두 가지. 첫째, 나보다 똑똑한 많은 사람들이 왜 그토록 너그럽지 못한 한국식 종교에 목매달고 살까? 둘째, 교회, 성당, 절에 다니는 사람들이 이토록 많은데 왜 사회는 나아지지 않을까.

하루의 시간도 공유하지 못하는 관계는 쓸쓸하다

봄은 꽃놀이, 녹색놀이를 치러야 하는 계절이다. 꽃은 곧 지며 녹색은 순식간에 짙어진다. 아름다운 풍경은 오래 가는 법이 없다. 꽃이 피긴 어려워도 지는 것은 잠깐이다. 절정의 아름다움과 마주치는 순간에 누군가 곁에 있으면 하는 바람이 생기는 것은 당연하다. 화전을 부칠 솥단지는 준비했고 꽃잎도 이미 따놓았다. 바닥에 깔 돗자리와 향 좋은 술도 준비했다. 나누고 싶은 사람과 함께하지 못하는 아름다움은 아쉬움만 남긴다. 서로의 시간을 합치면 한층 더 빛날 풍경은 하루 이틀 지날수록 사라져만 간다. 단 하루의 시간도 공유하지 못하는 관계는 덧없고 쓸쓸하다.

윤광준 『마이 웨이』

'추억은 혼자서는 만들 수 없다.'고 소설가 김연수가 한 말은 늘 혼자 있기를 좋아했던 내 젊은 날의 탄식이자 뼈아픈 후회이기도 하다. 멋있는 풍경도 서로의 시간들이 모아지면 더 빛나는 것을 왜 그토록 쌀쌀맞고 까칠했을까 몰라.

내 삶의 뿌리 끝 부분에는 어떤 송이가 있는가

송이와 소나무의 공생 관계가 여간 새삼스럽지 않다. (…) 내 삶은 공생이라기보다는 기생이었다. 내가 받은 은혜들은 나는 얼마나 쉽게 잊어버렸던가. 은혜를 입지 않은 인간, 올챙이 시절을 거치지 않은 개구리는 없다. 생태적 삶이란, 이 땅이, 이 물과 공기가, 이 음식이, 나아가 이 지구와 우주 전체와 내가 연관되어 있다는 인식에서 출발한다. 공생은 '대화'이기도 하다. 송이와 소나무는 서로 대화를 나누는 것이다.

내 삶의 뿌리 끝 부분에는 어떤 송이가 있는가. 송이버섯인 나는 또 어떤 소나무의 뿌리에 뿌리를 내리고 있는 것인가. 나는 언제 송이이고, 또 누구에게 소나무인가. 친구들아, 송이는 없지만 겨울이 오기 전에 한번, 한번은 모여야겠다.

이문재 『이문재 산문집』

지식과 교양을 갖춘 친구

학창시절 수업이 끝나면 시간 가는 줄 모르고 즐거운 시간을 보냈던 친구들이라도 다시 만났을 때 예전처럼 즐거움을 느낄 수 없다. 노령연금이 어떻다느니, 재취업 문제가 힘들다느니, 어느 가게는 술맛이 별로라느니… 이런 이야기만 쏟아져 나온다.

인간은 나이에 상관없이 지적 흥미를 느끼는 무언가가 필요하다. 아니, 오히려 나이가 들수록 그것이 더욱 중요해진다. 그래서 밤새도록 대화를 주고받으며 지적인 즐거움을 함께 나누는 친구가 절실한 것이다. 물론 그 전에 나부터 그런 지식과 교양을 갖춘 친구가 되어야 함은 기본이다.

와타나베 쇼이치 『지적으로 나이 드는 법』

고등학교 졸업을 앞둔 겨울방학. 친구네 집에서 밤을 새웠다. 릴케와 니체의 연인인, 금강석처럼 빛났다는 루 살로메를 나보다 친구가 더 많이 질투했고, 전혜린을 말할 땐 내 침이 사방팔방 튀었다. '친구가 있다는 것은, 한 세계를 갖는 것과 같다'고 헤세가 말했는데, 그런 친구를 가질 만큼 내게 교양이 있기나 한가?

효재처럼 일상이 수행

"저 혼자 다짐이지만 눈뜨고 자기 전까지 노동자로 살겠다고 신과 약속했기 때문에 가만히 있은 적이 없어요. 저는 나와의 대화를 노동을 통해서 하기 때문에 노동이 곧 수행 활동입니다.
마당에서 풀 뽑거나 그러면서 혼자 노동할 때, 나를 들여다볼 때가 제일 좋은데 일은 요리든 한복이든 어떤 것이든 다 좋아요. 제 장점 중 하나가 지금 내가 하는 역할을 굉장히 열심히 하고 최선인 동시에 최고라고 생각하는 겁니다. 그래서 눈떠서 잠자기 전까지 내가 하는 일에 에너지를 다 쏟아요." (이효재)

이명수 칼럼 '충분한 사람'

『효재처럼』은 책 제목이자 그렇게 살고 싶은 로망의 네이밍이었다. 나는 그녀가 한국판 타샤 튜더 같다는 생각도 하는데, 타샤 튜더의 얼굴에서는 청정한 호수의 고요한 빛이 보인다. 나도 저런 빛의 얼굴로 늙어가고 싶다.

마음이 사는 방

이번에는 반닫이 위에 꽃을 올려놔 볼까 하는 마음이 불쑥 솟아나고. 즉시 꽃집으로 달려가 하얀색 작은 꽃을 몇 가지 골라 왔습니다. 그리고는 알바 알토가 디자인한 곡면 유리 화병을 비장의 무기인 듯 소중하게 꺼내어 마음 내키는 대로 꽃을 꽂아 반닫이 위에 올려두었습니다. 그러자 반닫이 주변으로 어떤 신성한 기운이 모여드는 것처럼 느껴졌습니다. 하숙집처럼 쓸쓸해 보이던 원룸에 차분하고 고요한 기반이 자리 잡는 듯 묘한 기분이 들기 시작한 것이지요. 단순히 먹고 자고 즉물적으로 생활하던 방이 어느 순간 '마음이 사는 방'으로 변한 것입니다.

나카무라 요시후미 『집을 생각한다』

방 하나를 서재 겸 작업실로 꾸밀 때 두 가지 컨셉트를 정했다. 첫째, 산사에 있는 고요한 선방 같은 느낌을 줄 것. 둘째, '신성한 작은 공간'을, 즉 우리 어머니의 정화수 공간 같은 것을 만들 것. 어느 비평가가 말했다. "아름다움은 가장 소박한 것이 그 성스러운 모습을 드러낼 때 느낄 수 있는 것"이라고. 아름답게 나이 들고 싶은 내게는 '무릎의 시간'이 많이 필요하다.

우리는 보람이라는 것을 너무 잊고 살아간다

나는 이러면 좋겠다. 앞으로 10년 후, 다른 건 모르지만 10년 전에 비해서 자신의 삶에서 보람을 느낀다고 대답할 수 있는 국민이 절반은 되는 나라를 우리가 만들 수 있으면 정말 좋겠다. 정신적으로 보람을 느끼는 국민들이 많아지면 그때 경제적 풍요가 찾아온다는 게 내 생각이다. 우리는 개인적으로나 집단적으로나 보람이라는 것을 너무 잊고 살아가고 있다.

우석훈 『1인분 인생』

나의 '보람'은 무엇인가? 내 답은 '내서 부끄럽지 않은 책 만드는 것', 그래서 누군가에게는 또 하나의 우주가 될지도 모르는 책을 기획하고 만드는 것. 의미 있는 일을 하면 젊어진다고 했다. 그동안 잊고 살았던 보람이라는 단어, 촌스럽지 않게 써야겠다.

시민단체에 눈 돌릴 나이

당신이 시민단체 한 곳에 가입하지 않고는 민주시민이라 할 수가 없습니다. 당신이 시민단체 한 곳에 후원금을 내지 않고는 자유를 누릴 자격도, 잘살기를 바랄 자격도 없습니다. 당신이 시민단체에 한 차례도 봉사하지 않고는 세상의 잘못에 대해 한마디도 말할 자격이 없으며, 당신의 불평불만은 작은 새소리만큼의 가치도 없을 것입니다.

조정래 『황홀한 글감옥』

일전에 많은 네티즌들의 폭발적인 이슈가 된 '중산층에 대한 나라별 기준.' 한국의 중산층 기준이 아파트 30평 이상, 월급은 500만 원 이상, 자동차와 예금액 잔고인데, 프랑스에서는 외국어를 하나 정도는 할 수 있어야 하고, 직접 즐기는 스포츠와 다룰 줄 아는 악기, 자신만의 요리를 만들 수 있어야 하는 것. 영국은 페어플레이를, 미국은 정기적으로 받는 비평지를 꼽았다. 공통으로 꼽는 중산층 기준이, 한국에는 없는, 약자를 돕고, 불의와 불법에 의연하게 대처하는 것이다. 남의 잘못을 탓할 자격, 나에게 있나?

윤리적 삶을 산다는 것

첫걸음을 내디뎌야 합니다. 너무 늦기 전에 세상을 더 나은 곳으로 바꾸는 일에는 누구나 참여할 수 있습니다. 자신의 목표를 재고하고 자신의 행동에 질문을 던질 수 있습니다. 지금의 삶이 공평한 가치 기준에 어긋난다면 바꿀 수 있습니다. 무엇보다 중요한 사실은 자신의 삶이 헛되지 않았음을 알게 된다는 것입니다. 윤리적 삶을 산다는 것은 이 세상의 온갖 고통에 연민을 느껴 더 나은 곳으로 바꾸고자 애쓴 위대한 전통에 참여하는 것이니까요.

피터 싱어 『이렇게 살아가도 괜찮은가』

초저녁이었는데 어느 문 앞 길바닥에 한 아주머니가 망연자실 앉아 있었다. 타들어간 입술, 거무튀튀한 얼굴. 무슨 사연인지는 모르겠지만 나도 가슴이 무너졌다.

우리는 사랑을 너무 개인적인 것으로 생각한다

문제는 우리가 사랑을 너무 개인적 차원으로 생각하는 데 있다. 사랑이 개인적 차원에만 머문다면 평화 만들기는 소극적일 수밖에 없다. 사람들은 흔히 사랑과 정의가 상충되는 것으로 생각한다. 사랑은 따뜻하고 정의는 차갑다고 생각하며, 사랑은 감싸는 것이지만 정의는 투쟁이라는 인상을 주기 때문이다. 정의란 다수를 위한 사랑이다. 오히려 진짜 사랑, 왼손이 하는 일을 오른손이 모르게 하는 순수한 사랑, 불교에서 말하듯 '베풂이 없는 베풂'(無住相布施)은 사회정의를 통해서 이루어진다고 할 수 있다.

길희성 『길은 달라도 같은 산을 오른다』

함석헌 선생의 '생각하는 백성'을 떠올린다. 현실이 고달플수록 사랑에 눈이 멀었다면, 이제는 좀 다른, 사랑에 대한 성숙한 생각을 갖고 있어야 할 나이기는 한데. 뭔가 결속감이 없는 사랑은 내가 더 많은 희망을 걸수록 더 빨리, 공허하게 사라지는 건 확실하다.

누구나 퇴비가 되라고

길가에 낙엽은 또 떨어진다. 인생의 가을이 되면 누구나 퇴비가 되라고, 인간으로서의 역한 냄새를 스스로 향기롭게 만들어보라고 낙엽은 또 떨어진다. 낙엽이 되지 않는 사람은 아무도 없다. 아무리 나뭇가지에 영원히 매달려 있고 싶어도 때가 되면 낙엽이 되어 그만 땅에 떨어진다. 아무리 영원히 썩지 않기를 원해도, 그만 누구나 썩고 만다. 다만 그 썩음이 어디에서 누구를 위해 어떻게 쓰이느냐 하는 것만 다를 뿐이다.

박완서 외 등저 『사람이 풍경일 때처럼』 중 정호승 글

영화 '스틸 라이프(still life)'에 나오는 존 메이는 고독사한 사람의 유품을 정리하고 추도문을 쓰는 구청 공무원이다. '개인의 역사'라는 것, '내 쓸모'라는 것에 대해 생각하게 만든 영화였다. 나는 누구를 위해 향기로운 낙엽으로 떨어질 것인가?

이 아이들을 어찌할 것인가

미군의 폭음과 홍수가 휩쓸고 간 오지마을.
영하의 추위에 난로도 외투도 양말도 없고
책걸상도 공책도 칠판도 선생님도 없다.
자습이 끝나자 늘 허기져 눈만 큰 아이들이
폼에 싸온 제 몫의 감자 한 알을 나에게 내민다.
아, 이 아이들을 어찌할 것인가.
지구의 벼랑 끝, 막다른 코너에 몰린 생의 아이들.

박노해 『다른 길』

'지구의 벼랑 끝, 막다른 코너에 몰린 생의 아이들'

점점 아픈 것만 눈에 들어온다.

그동안 살아오면서 좋았던 일을 생각하려 한다. 내게 빛이 되어준 사람들의 고마움을 떠올리려 한다. 지금의 내 상태와 상관없이 나는 숱한 사람들이 던져준 빛을 받아 버텨왔다는 생각이 든다. 말할 것도 없이 어머니의 모습부터 떠오른다. 모두가 묵묵히 삶을 견디며 남에게 빛이 되고자 애쓰고 있는데, 나만이 나이 투정을 부리는 것은 아닌가 반성해본다.

윤대녕 『이 모든 극적인 순간들』

지금 내게 남은 자긍심도 어릴 적 숱한 사람들이 던져준 빛에 기댄 것일 텐데, 내게 빛이 되어준 사람들을 제대로 고마워한 적도, 반성해본 적도 없다. 지금이라도 내 곁에 있는 사람이 얼마나 소중한지, 내가 얼마나 많은 것을 갖고 있는지를 알지 못하는 불쌍한 사람이 아니었으면 좋겠다.

낡아가는 것과 늙어가는 것

언제인가부터 나는 낡아가는 것과 늙어가는 것을 구분하기 시작했다. 낡아가는 것은 썩어 소멸되어가는 것이고, 늙어가는 것은 몸과 영혼 속에 금강석 같은 지혜의 사리를 쌓아가는 것이다. 그 사리는 세상을 밝히는 빛이어야 하고 구중중한 냄새로 가득 차 있는 세상을 향기롭게 하는 꽃이어야 한다. 나는 조급증에 사로잡혀 찻잔을 놓고 몸을 일으킨다. 나는 과연 그러한 빛과 꽃이 될 수 있는가.

한승원『이 세상을 다녀가는 것 가운데 바람 아닌 것이 있으랴』

8장

삶은 헛수고지만,
그래도
삶은 자기혁신

세월이 갈수록 많은 사람이 '늦었다고 생각할 때가 가장 빠르다'라는 격언에 공감한다. 배움을 통해 화살처럼 빠르게 지나가는 세월을 낚는 묘미가 있다. 그래서 나이 든 사람이 자기 계발을 위해 외국어를 배우는 경우 시간은 젊은이들 편이 아니라 내 편이 될 수 있다.

'쓸데없는 공부' 하기 좋은 때

인간에게는 살아 있는 한 전진적인 사고가 필요하다. 나이가 들어 몸은 늙어도 생각은 녹슬지 않는다. 체력에 부담을 주지 않는 범위 내에서 생각을 발전시켜야 한다. 은퇴 뒤 넉넉해진 시간이 '쓸데없는 공부'를 하기에 가장 좋은 때다.

요즘 나의 '쓸데없는 공부'는 영화에 쏠려 있다. 사이버 대학을 졸업한 뒤부터 영화 연구 동아리에서 활동 중이다. 영화에 관련된 일을 하는 막내아들에게서 실험 영화를 배우고 싶었지만 아무래도 무리여서 먼저 고전 영화를 중심으로 한 달에 한 번 워크숍을 하는 정도로 공부한다.

이근후 『나는 죽을 때까지 재미있게 살고 싶다』

"생각할 것, 공부할 것, 읽어볼 것으로 가득한 삶이었다." 추리소설 작가 아가사 크리스티가 50세 즈음에 한 말이다. 요즈음 내가 관심 갖는 분야는 글쓰기 저널과 근대미술사. 먹고사는 데 도움 되지 않는다는 이유로 무시된, 쓸데없는 거였다.

나이 든 사람의 어학 공부

중국어를 배운 지 얼마 되지 않았을 때의 일이다. 함께 수업을 듣는 학생 중에 50대 전후로 보이는 한 회사원이 있었다. 그는 당시의 내 실력보다 꽤 앞선 수준이었지만 스스로 밝힌 수년간의 공부 이력에 비해서는 그다지 뛰어난 실력은 아니었다. 어느 날 그는 "현재의 실력이 어떻든 수년간 이 공부를 포기하지 않고 계속하고 있는 내 자신이 대견해 보인다"고 담담히 말했다. 그 말을 듣는 순간 나는 '바로 저 말이 어학 공부의 진리이며 정답이구나!' 하는 생각이 들었다.

김원곤 『50대에 시작한 4개 외국어 도전기』

실력과 상관없이 포기하지 않고 외국어를 계속 배우고 있다는 것만으로도 만족감과 자긍심을 느낄 수 있는 거라면, 정직하게 해볼 만하구나, 생각이 들었다. 평생에 걸쳐 오늘 외워야 할 몇 개의 단어와 문장은 잠시라도 비집고 들어오기 쉬운 외로움과 상실감을 막는 좋은 방법이 되지 않을까?

완벽한 하루

"하루 네 시간은 먹을거리를 얻는 노동에, 네 시간은 친교에, 네 시간은 독서나 글쓰기처럼 자기를 돌보는 일에 쓰면 완벽한 하루가 된다."

헬렌 니어링 · 스코트 니어링 『조화로운 삶』

1932년 버몬트주 시골로 들어가 돌집을 짓고, 농사를 지으면서 소박하게 산 스코트 니어링 부부의 생활철학은 '단순한 생활, 긴장과 불안에서 벗어남, 무엇이든지 쓸모 있는 일을 할 기회, 그리고 조화롭게 살아갈 기회'. 서울을 오가며 영위하게 될 내 시골생활도 그처럼 하루를 쓰고 싶다. 하루에 네 시간은 밥벌이를 위해 일하고, 네 시간은 지역사회에 봉사하고, 네 시간은 너무 빨리 접었던 문학에의 꿈을 위해 읽고 쓰고. 쉽진 않겠지만 할 수 있는 노력을 안 하지는 말자.

내 인생 계획

"난 100세 시대답게 인생의 계획도 1년 주기로 짜지 않고 5년 주기로 짜고 있다. 앞으로 3년간은 일본에서 그림공부에 몰두할 예정이다. 또 5년 정도 시간을 갖고 독일의 바우하우스를 중심으로 근대 미적 감각의 변화. 인상파 이후의 미술과 산업이 만나는 다양한 접점에 대한 연구를 문헌이 아니라 직접 찾아가서 보고 느끼고 글로 쓸 계획이다." (김정운)

유인경 칼럼 '유인경이 만난 사람'

이 사람은 인생의 후반을 이렇게 계획했구나, 그림 그리기, 여행과 공부를 위한 글쓰기를 앞으로의 삶의 방법으로 선택했구나, 이렇게 구체적으로 자신의 인생 계획을 알려주는 중년의 명사들이 많았으면 좋겠다.

외국어 공부가 나이 든 사람에게 유리한 이유

세월이 갈수록 많은 사람이 "늦었다고 생각할 때가 가장 빠르다"라는 격언에 공감한다. 특히 외국어 공부처럼 가시적인 성과를 거두는 데 오랜 시간이 걸리는 데다 그 과정이 매우 험난한 분야에서는 더더욱 그럴 수 있다. 예를 들어 어떤 외국어를 적어도 3년은 공부해야 대화를 웬만큼은 할 수 있다는 말을 들었다고 하자. 젊은 시절에는 3년이라는 세월이 까마득한 먼 훗날로 생각되어 정신적으로 먼저 지칠지도 모르지만 나이가 든 사람은 3년이 어느 날 눈뜨고 일어나면 지나갔을 세월이라는 것을 이미 알고 있다. 그래서 나이 든 사람이 자기 계발을 위해 외국어를 배우는 경우 시간은 젊은이들 편이 아니라 내 편이 될 수 있는 것이다.

김원곤 『50대에 시작한 4개 외국어 도전기』

번역을 위해 요즈음 영어를 틈틈이 공부중이다. 주위를 보면 '그때라도 시작할 걸' 하고 나이 들어 다시 시작하는 것 중의 하나가 외국어 배우기인 것 같다. '늦었다고 생각할 때가 가장 빠르다'더니, 그토록 상투적이고 고리타분한 인생 조언들은 신기하게도 참 잘 들어맞는다.

삶을 즐기며 살아가기

인생은 자기가 자기 이름을 의미 있게 만들어서 그 이름에 주어진 값이나 무게만큼 우주를 누르고 삶을 즐기며 살아가기이다. 초가을은 낙엽을 준비한다. 이별을 준비하고 다음 세상에서의 더 뜨거운 만남을 준비한다. 단풍 든 잎사귀들은 떨어지고 이름만 남는다. 언젠가는 그 이름을 기억해주는 사람들마저 사라진다. 견고한 사각형에 갇혀 살 일이 아니다. 오각형으로서 자유자재의 구멍을 뚫어놓고 살 일이다.

한승원 『이 세상을 다녀가는 것 가운데 바람 아닌 것이 있으랴』

요즈음의 나는 건강한 생활인이다. 싱싱한 제철 식재료를 사서 요리하고, 어지르기 쉬운 책과 팩스, 원고들도 치운다. 또 침대를 없애고, 돈과 품을 들여 장만한 목화솜 요 위에 가을볕에 뽀송뽀송 말린 흰 광목을 깔고 명주솜 이불을 덮고 잔다. 그 개운함과 쾌적함이 너무 좋다. 견고한 사각형에 갇혀 살 때는 부리지 못했을 호사다. 삶을 즐기는 과정은 가장 기본적인 의식주에 있다는 것을 다시 새긴다.

배워서 어디다 써먹을까?

내가 마흔이 되던 해 중국에 어학연수 간다고 했을 때 많은 사람들이 그 나이에 중국어를 배워서 어디에 쓰겠느냐고 했다. 나는 마흔에 배워서 여든까지 40년 동안 쓸 수 있으니 분명히 남는 장사라고 생각했다. 실제로 그때 배운 중국어를 지금 해외에 다니면서 얼마나 유용하면서도 재미있게 쓰는지 모른다. 앞으로 점점 더 그럴 것이다. 무엇을 하기에 늦었다고 생각하는가? 내 경험상 아예 하지 않는 것보다 늦게라도 시작하는 편이 백배, 천배 낫다. 시도해보지 않는다면 성공할 기회는 0퍼센트다. 내가 만약 늦었다고 시도조차 하지 않았다면 지금 중국말은 중국말대로 못하고 아까운 세월은 세월대로 흘러가버렸을 거다.

한비야 『그건, 사랑이었네』

정작 노력은 하지도 않으면서 인생이 불공평하다고 얼마나 투덜대었나, 성장보다는 효용과 속도의 잣대만으로 포기한 것들이 얼마나 많은가. 삶의 품격은 일상에서 성장의 가치를 잃지 않아야 얻을 수 있을 터, 니체는 '우리가 무엇인가를 시작할 기회는 늘 지금 이 순간밖에 없다'고 했다.

세월을 낚는 묘미

나 역시 적지 않은 나이에 4개의 외국어를 배우기 위해 학원가를 전전하면서 항상 '시간은 나의 편'이라고 마음속으로 되새겼고, 지금도 그렇게 생각하며 열심히 공부하고 있다. 시간이 이처럼 빠르게 지나간다면 10년 후가 결코 먼 세월이 아닐 테고, 그래 오늘 이 순간 어학 공부를 하지 않은 것을 후회하지 않기 위해서다. 설사 10년 후에 오늘날 계획한 목표를 이루지 못했다고 하더라도 또다시 10년을 투자하지 못할 이유가 어디 있겠는가? 배움에는 왕도가 없듯이 때도 없고, 화살처럼 빠르게 지나가는 세월 속에 배움을 통해 세월을 낚는 묘미가 있을 것이기 때문이다.

김원곤 『50대에 시작한 4개 외국어 도전기』

어학 공부를 십 년이든, 이십 년이든 인생을 쌓아가는 과정이라고 생각한다면, 시간도 내 편이 되고, 당장의 결과에도 조급해지지 않을 것 같다. 모든 시작은 더 나은 사람이 되고자 애쓰는 이에게 위로이자 희망이다.

생각은 늘 현재형으로

휘트니 센터에서 만난 내 이웃들 중에도 젊었을 때는 꽤나 이름을 날린 사람이 많다. 유명한 학자나 대학 교수 출신도 있고, 정치가도 있다. 하지만 그들은 과거에 자신이 했던 일과는 전혀 상관없이 지금 무엇을 할 것인가에 더 골몰한다. 함께 이야기를 나누거나 어떤 일을 도모할 때도 화려한 전력을 과시하지 않는다. 그들의 화제는 항상 지금 당장 무엇이 필요한지, 무엇을 하고 있는지에 대한 것이다. 그리고 그런 현재 진행형의 대화 속에서 서로에게 긍정적인 영향을 주고받는다. 이것이 내가 휘트니 센터에서 본 가장 아름다운 풍경이다.

전혜성 『가치있게 나이 드는 법』

오스카 와일드는 '감옥에 있으면서 울지 않는 날은 마음이 즐거운 날이 아니라 굳어 버린 날'이라고 했다. 생각이 현재에 있지 않으면 마음이 쉽게 굳는다. 그래서 활기를 잃기 쉬운 나이일수록 생각은 늘 현재형이어야 한다는 것. 늙는 것도 하나의 태도다.

하루를 기록한다는 것

기록하지 않는 것은 사라진다. 하루는 음식과 같다. 먹으면 사라지는 것이 음식이듯이 하루는 한 끼의 식사와 같다. 먹는 순간 음미하고 즐길 줄 알아야 한다. 하루를 얻으면 현재는 얻는 것이다. 기록된 하루는 조금씩 다르지만 기록되지 않은 하루는 모두 같아 구별되지 않는다. 복제되어 반복되는 하루밖에 갖지 못하는 사람은 신화 속 인물 시시포스와 같다. 기록하라. 날마다 독특한 맛을 찾아 적어두어라. 그것이 개인의 역사다.

구본형의 자기계발 강령 중 하나

왜 점점 모든 날들이 비슷해질까? 여행을 떠나볼까, 영화를 보러 갈까, 뭐라도 하지 않으면 늘 인생을 손해 보는 기분. 이제 내 수첩에는 새로운 칸이 하나 생겼다. '날마다 차이'. 그 칸에는 그 날의 하늘 색, 잘 내린 드립커피 맛, 시 한 편, 대출한 예약도서도 적어놓는다. 하루하루의 삶이 내 개인 역사의 소중한 진화 과정이라는 것, 잊지 말아야 하니까.

더 많이 회복해야 할 앎

우리는 뇌의 필터가 허용하는 것만을 볼 수 있다. 우리의 뇌는 특히 언어/논리를 관장하는 좌뇌는 합리성에 대한 감각과 개인 또는 자아라는 인식을 발생시키는데, 이것이 바로 우리가 더 높은 차원을 알고 경험하는 것을 방해하는 장애물이다.
나는 우리의 삶이 지금 매우 중요한 시점에 와 있다고 생각한다. 우리는 우리의 뇌가 온전히 작동하고 있는 동안에, 지상에 살아 있는 동안에, 높은 차원의 앎을 더 많이 회복해야 한다.

이븐 알렉산더『나는 천국을 보았다』

신경외과 의사의 사후 체험기는 뇌사 상태 7일 동안의 기억을 담은 내용이다. 임사체험은 지금도 심령현상 일부로 생각해온 건 사실이다. 사실 사후세계를 믿고, 안 믿고가 중요한 게 아니라 죽음 이후의 삶을 받아들일 때 지금 내 현재가 어떻게 달라져야 하는가를 아는 게 중요하다.

'야금야금' 정신

나는 제자들에게 좋은 일도 야금야금하라고 말한다. 야금야금, 당장은 티도 안 나지만 세월이 더해지면 많은 것을 이룰 수 있고, 큰 것을 구할 수 있다. 좋은 일이나 봉사는 나이 들어 시간 날 때 하는 일이 아니다. 좋은 일은 힘이 있을 때 해야 더 값지다. 잘하려고, 거창한 것부터 하려는 생각을 버리고 야금야금 내가 힘들지 않는 선에서 해 나가야 쉽다. 젊을 때는 쉬운 일이 늙어서 하려면 어려운 것들이 있다. 봉사도 그 중 하나다.

이근후 『나는 죽을 때까지 재미있게 살고 싶다』

'야금야금'은 단지 많은 것을 이루기 위한 요령이라기보다는, 어려운 일도 생각보다 어렵지 않다는 것을 몸이 먼저 알게 하는 '몸의 태도'에 가깝다.

분한 일을 당하면

누군가로부터 까닭 없이 비난을 받았을 때, 당연히 기대하고 있던 누군가로부터 받아들여지지 못했을 때, 나는 언제나 여느 때보다 더 긴 거리를 달림으로써, 결과적으로 그만큼 자신을 육체적으로 소모시킨다. 그리고 나 자신이 능력에 한계가 있는 약한 인간이라는 것을 새삼스럽게 인식한다. 그리고 여느 때보다 긴 거리를 달린 만큼, 결과적으로는 나 자신의 육체를 아주 근소하게나마 강화한 결과를 낳는다. 화가 나면 그만큼 자기 자신에 대해 분풀이를 하면 된다. 분한 일을 당하면 그만큼 자기 자신을 단련하면 된다. 나는 그렇게 생각하며 살아왔다.

무라카미 하루키 『달리기를 말할 때 내가 하고 싶은 이야기』

나이 들면 미운 소리, 군소리하지 말고, 알고도 모른 척, 몰라도 적당히 아는 척해야 평안하다고, 적당히 져주고 한 발짝 물러서서 양보해야 지혜로운 것이라고 법정 스님도 설파했지만, 내 도량이 좁아서 나이가 들어도 '미움'을 덜어내기가 힘들다. 이제는 분한 일을 당한 만큼 나 자신에게 분풀이하는 하루키의 '생산적 자학'을 흉내라도 내보자, 마음먹는다.

세월을 천천히 흐르게 하는 법

삶을 좀 알 만한 나이가 되면 세월을 다소 천천히 가게 할 수는 없을까. 방법은 두 가지로 압축된다. 기다림을 많이 만드는 것이다. 어린 시절 소풍날은 "몇 밤 남았느냐?"고 셀 정도로 천천히 온다. 제대 말년 병장의 한 달은 1년처럼 길다. 기다림이 있으면 세월은 더디기 마련이다. 생활의 속도를 올리는 것도 방법이다. 천천히 흐르는 강물 옆에서 걸을 때, 유속(流速)보다 천천히 걸으면 강물은 빠르게 느껴진다. 하지만 그보다 빨리 걸으면 강물이 느리게 흐르는 것처럼 보이는 원리다. 히노하라 박사의 수첩에는 각종 스케줄이 3년 후까지 잡혀 있다. 지금도 음악과 문학 등 새로운 배움에 몰두한다.

인생의 후반으로 갈수록 생활의 보폭은 준다. 하지만 잰걸음으로 살면, 세월이 천천히 따라온다는 게 그의 지론이다. 생명은 우리 몸에 있는 게 아니라 우리에게 주어진 시간에 있다는 것이 102세 의사가 전하는 메시지이다.

김철중 칼럼 '빨리 걸으면 세월은 천천히 간다'

안나푸르나에서 얻은 확신

어떤 이는 여행에서 평화를 얻는다고 했다. 어떤 이는 삶의 행복을 느끼고, 어떤 이는 사랑을 깨닫고, 어떤 이는 자신과 화해하기도 한다. 드물게 피안에 이르는 이도 있다. 나로 말하면 확신 하나를 얻었다. 나를 지치게 한 건 삶이 아니었다. 나는 태생적으로 링을 좋아하는 싸움닭이요, 시끄러운 빼꾸기였다. 안나푸르나의 대답은 결국 내 본성의 대답이었다. 죽을 때까지, 죽도록 덤벼들겠다는 다짐이었다. 결론적으로 떠나온 나와 돌아갈 나는 다르지 않았다. 달갑잖은 확신을 얻었고, 힘이 남아돌아 미칠 지경이라는 게 그때와 다를 뿐, 몇 년 후, 어쩌면 몇 달 후, 가까스로 얻은 힘을 전력질주로 써버리고 다시 히말라야를 찾아 올 테지, 아니라면 내 손에 장을 지지겠다.

정유정『히말라야 환상방황』

9장

이제부턴 계급장 떼고, 스펙 떼고

중요한 것은 시간과의 경쟁을 하는 것이 아니다. 어느 만큼의 충족감을 가지고 자신을 즐길 수 있는가 하는 문제다. 이제까지와는 약간 다른, 성취의 긍지를 모색해 가게 될 것이다. 유유자적할 틈은 없다. 내 황혼의 겨울채비를 위하여, 나를 태울 다비의 나뭇단은 내 스스로 준비해야 한다.

시인처럼 살 수 있는 용기

수업 중에 한 학생이 질문했다. 시만 써서 먹고사는 사람이 있는가? 많지는 않지만 있다. 얼마를 버는가? 어떤 시인은 시도 쓰고 길지 않은 산문도 써서 한 달에 평균 30만 원을 벌고 그것으로 생활한다. 학생들은 무슨 농담이 그러냐는 얼굴로 나를 쳐다본다. 그러나 나는 그 시인이 시인이기 때문에 30만 원을 버는 것이 아니라, 시인이기 때문에 30만 원으로 당당하게 살 수 있는 것이라고 대답했어야 한다. 그의 용기는 당신이 한순간이라도 꿈꾸었던 세계가 허망한 것이 아니라는 것을 말하기로 결심한 사람의 용기이다. 어떤 파락호라도 그 용기를 욕되게 하고 싶지는 않을 것이다.

황현산『밤이 선생이다』

더 적게 사고, 더 적게 쓰는 생활이 좀 옹색해 보일까, 하는 와중에 이런 글을 만나면 마음이 '짠'하고 환해진다. 나는 더 적은 것들에 둘러싸여 있어야 내적 힘이 강해지는 부류의 사람이다. 어느 시인처럼 시는 못쓰지만 나도 시인처럼 살 수는 있다.

글 쓸 때 나는 가장 잘산다

글을 쓸 때, 나는 가장 잘산다. 새로운 소설을 시작할 때마다 '이번에는 과연 내가 어디까지 견딜 수 있을까?' 궁금해진다. 나는 세상을 살아가기에는 여러 모로 문제가 많은 인간이다. 힘든 일을 견디지 못하고 싫은 마음을 얼굴에 표시 내는 종류의 인간이다. 하지만 글을 쓸 때, 나는 한없이 견딜 수 있다. 매번 더 이상 할 수 없다고 두 손을 들 때까지 글을 쓰고 난 뒤에도 한 번 더 고쳐본다. 나는 왜 문학을 하는가? 그때 내 존재는 가장 빛이 나기 때문이다.

김연수 『지지 않는다는 말』

몇 년 전부터 일본에는 은퇴 후 글쓰기 붐이 한창이다. 실제로 일본 최고의 신인 문학상인 아쿠타가와상 후보에 75세 여성 구로다 나쓰코가 올랐다. 이 외에도 실버 신인이 줄줄이 등장했다. 지금까지 글쓰기, 작가의 삶은 내 취향이 아니었지만, 언젠가 한 번은 살아 봐야 할 삶이라고 생각했었다. 지금이 바로 그 때인 것 같다. 지금까지 내 삶의 바깥쪽만을 보고 살았으니, 이제는 글쓰기를 통해 내 삶의 안쪽을 들여다보고 싶다.

이제 유유자적할 틈은 없다

눈 깜빡할 사이 어느새 내가 이렇게 흘러와버렸다. 세월의 마술에 걸려 초로의 중늙은이가 되어버린 나. 이제 내게 주어진 시간은 얼마 남지 않았다. 아름다운 드라마도 써야 하고, 인생은 살 만한 가치가 있다고 말할 수 있어야 한다. 이만큼 살아왔지만 아직도 남은 내 인생이 어찌 될지 알 수 없다. 유유자적할 틈은 없다. 바쁘다. 내 황혼의 겨울채비를 위하여, 나를 태울 다비의 나뭇단은 내 스스로 준비해야 한다.

김성근 외 등저 『세월은 흐르는 것이 아니라 쌓이는 것이다』 중 김운경 글

엄마를 보살피고, 자전거를 타고, 텃밭도 가꾸고, 마당의 잔디도 깎고, 집안일도 하고, 다문화센터 봉사도 하고, 다음 출간할 책을 준비하고, 읽어야 할 책은 많고, 할 일이 많다. 마음만 앞서는 건 아닐까, 그 조용한 시골생활에 적응할 수 있을까 걱정이 많지만, 자연과 가까우면 나도 풍경처럼 아름다워질 거란 기대로 밀어붙인다.

이제는 기록을 위한 경쟁이 아니다

중요한 것은 시간과의 경쟁을 하는 것이 아니다. 어느 만큼의 충족감을 가지고 42킬로를 완주할 수 있는가, 얼마만큼 자기 자신을 즐길 수 있는가, 아마도 그것이 이제부터 앞으로의 큰 의미를 가져오게 되는 것이 아닐까, 수치로 나타나지 않는 것을 나는 즐기며 평가해가게 될 것이다. 그리고 이제까지와는 약간 다른, 성취의 긍지를 모색해가게 될 것이다.

나는 기록에 도전하는 무심한 젊은이도 아니고, 한낱 무기적인 기계도 아니다. 한계를 알면서도, 어떻게든 조금이라도 오래 자신의 능력과 활력을 유지해가려 하는, 한 사람의 직업적인 소설가에 지나지 않는 것이다.

뉴욕 시티 마라톤까지 남은 시간은 앞으로 한 달.

무라카미 하루키 『달리기를 말할 때 내가 하고 싶은 이야기』

시간과 기록과 경쟁하지 않고 어느 만큼의 충족감을 가지고, 얼마만큼 자기 자신을 즐길 수 있는가가 앞으로의 삶에 더 큰 의미가 있을 것. 내가 '성장해야 할 방향'을 다시 확인하고, 올바르게 노력하는 방법을 하루키에게서 배운다.

인생을 관통하는 '꿈'

꿈을 꾸기 위해 젊음이 필요한 것은 아니다. 다양한 인생 경험과 더불어 꾸준히 지적 수련을 쌓은 사람은 여생을 보내면서도 꿈 꿀 수 있다. 이제 정년을 앞에 둔 은퇴세대들이 꿈을 꾸고 있다. 여생이 길어지면서 정년 후의 새로운 생활에 대한 꿈들을 꾸기 시작한 것이다. 하지만 그 속내를 들여다보면 그들의 '꿈'이라는 것은 대부분 현실적인 소망들이다. '해외에서 살고 싶다'거나 '크루즈 여행을 하며 세계를 돌아다니고 싶다' 같은 구체적인 희망사항일 뿐이다. 인생은 희망사항으로 채워지는 것이 아니다. 인생을 관통하는 '꿈'이 있어야 한다.

와타나베 쇼이치 『지적으로 나이 드는 법』

"나는 인생을 즐기기에는 너무 늙었고 아무 꿈도 없이 살기에는 너무 젊다네." 파우스트의 고백은 현실적인 희망사항을 인생 목표로 잘못 착각하는 많은 사람들에 의미심장한 듯싶다. 인생을 관통하는 '꿈'이 없이 놀고먹기에 쉰 살은 아직 젊다.

제대로 한번 붙어볼 나이

인생이 예순부터라면, 청춘은 마흔부터다. 마흔 살까지는 인생 간 좀 보는 거고, 좀 놀면서 여기저기 들쑤시고 다니면서 어떻게 해야 잘 살 수 있을지 오리엔테이션에나 참가하는 거다. 그러니까 마흔 이전에는 절대 절망하면 안 되고, 내 인생이 어쩌다 이렇게 됐을까 체념해서도 안 되는 거다. 마흔이 되어보니 이제 뭘 좀 알겠고(알긴 뭘 알아, 라고 호통 치실 어른들 많겠지만) 내가 좋아하는 일을 잘할 수 있는 나이가 된 것 같다. 이제부터는 계급장 떼고, 스펙 떼고, 출신 학교 떼고, 제대로 한번 붙어볼 생각이다.

김중혁 『뭐라도 되겠지』

내 인생이 어쩌다 이렇게 되었을까, 체념하기엔 쉰 살도 이른 것 같다. 아직 절망만큼 미래에 대한 의지도 강하기 때문이다. '과거를 영예롭게도 비열하게도 만드는 것은 언제나 현재'라는 황현산 선생의 말을, 비열한 과거를 면피할 '현재'가 있으니, 후회하느라 지금을 흘려보내지 말자고 내 맘대로 이해했다. 이제부터는 계급장 떼고, 스펙 떼고 제대로 한번 붙어봐야겠다.

살아있는 동안 온전한 인생

세상에는 때때로 매일 달리고 있는 사람을 보고, "그렇게까지 해서 오래 살고 싶을까" 하고 비웃듯이 말하는 사람이 있다. 오히려 '설령 오래 살지 않아도 좋으니 적어도 살아 있는 동안은 온전한 인생을 보내고 싶다'라는 생각으로 달리고 있는 사람이 수적으로 훨씬 많지 않을까 하는 느낌이 든다. 같은 10년이라고 해도, 멍하게 사는 10년보다는 확실한 목적을 지니고 생동감 있게 사는 10년 쪽이, 당연한 일이지만 훨씬 바람직하고, 달리는 것은 확실히 그러한 목적을 도와줄 것이라고 나는 생각하고 있다. 주어진 개개인의 한계 속에서 조금이라도 효과적으로 자기를 연소시켜 가는 일, 그것이 달리기의 본질이며, 그것은 또 사는 것의 (나에게 있어서는 글쓰는 것의) 메타포이기도 한 것이다.

무라카미 하루키 『달리기를 말할 때 내가 하고 싶은 이야기』

또 한 번의, 삶을 잘 넘기기

콩나물처럼 끝까지 익힌 마음일 것
쌀알빛 고요 한 톨도 흘리지 말 것
인내 속 아무 설탕의 경지 없어도 끝까지 묵묵히 다 먹을 것
고통, 식빵처럼 가장자리 떼어버리지 말 것
성실의 딱 한 가지 반찬만일 것

새삼 괜한 짓을 하는 건 아닌지
제 명에나 못 죽는 건 아닌지
두려움과 후회의 돌들이 우두둑 깨물리곤 해도
그깟 것 마저 다 낭비해버리고픈 멸치똥 같은 날들이어도
야채의 유순한 눈빛을 보다 많이 섭취할 것
생의 규칙적인 좌절에도 생선처럼 미끈하게 빠져나와
한 벌의 수저처럼 몸과 마음을 가지런히 할 것
한 모금 식후 물처럼 또 한 번의, 삶을
잘 넘길 것

김경미 '식사법'

잘 사는 삶은 생의 규칙적인 좌절에도 한 모금 식후 물처럼 또 한 번의, 삶을 노련하게 잘 넘기는 것. 아울러 시인처럼 끝까지 익힌 마음과 유순한 눈빛, 그리고 성실의 맛을 잃지 않아야 하는 것.

매일매일 온순한 시간으로 기록될 것

나는 새로 마련한 새해 수첩에 아름답고 행복하고 평화롭고 기쁘고 즐거운 일만 가득 기록되길 바랄만큼 철없지는 않다. 다만 수첩의 작은 네모 칸에 기록되는 나의 매일매일, 매 순간이 부끄럽고 치졸하고 치사하지 않기를 바란다. 부질없는 욕망에 흔들려서 주제 파악 못 하지 않기를, 정확한 판단을 못 내리고 부화뇌동하는 경거망동은 피하기를, 그리고 남들에게 보여주는 삶이 아니라 나 자신에게 부끄럽지 않은 온순한 시간이 기록되기를 바란다.

유인경 『이제는 정말 나를 위해서만』

내 쉰 살의 수첩에도 매일이 치졸하고 치사하지 않기를, 경거망동하지 않고 사려 깊고 온순한 시간이 기록되었으면 좋겠다. 하루 하루가 '일기일회(一期一會)'임을 깨닫고 매일매일 내게서 새로운 모습을 발견하고 싶은 젊은 욕망도 기록되기를 바란다.

'꽃'으로 피었던 적이 없다면

가을엔 내면의 뜰이 넓어진다. 그 뜰에서 유장한 시간 속의 나를 보라. 내가 꽃피었던 순간들을 찾아보고, 또 앞으로 꽃피울 순간들을 가만히 불러보라. 내 존재가 사실은 얼마나 아름다운지, 꽃으로 피어났던 순간들이 얼마나 많았는지 깊은 성찰을 통해 보고 나면, 힘이 생긴다. 내가 취꽃이면 이 가을에 피는 것이고, 내가 국화라면 서리 내릴 때까지 기다릴 것이며, 또 내가 지난봄 피었다가 속절없이 져버린 철쭉, 라일락, 혹은 이름 없는 작은 봄꽃이었다면 한 번도 예전에 오지 않았던 다른 새봄을 기다리며 겨울나기를 준비하면 된다. 살아 있다면 언젠가, 크든 작든, 화려하든 소박하든 '내 꽃'을 피우고 마는 것이 존재이고 사람이다. 생활의 계절인 가을은 그런 힘을 마침내 우리에게 준다.

박범신 『산다는 것은』

살아 있다면 언젠가 '내 꽃'을 피우고 마는 것이 사람이라는 것을, 아는 사람이 늙지 않는다고 믿는다. 그동안 조연은 고사하고 무대에 서보지도 못했으니, 오늘부터는 한 번도 예전에 오지 않았던 다른 새봄을 기다리며 겨울나기를 준비하겠다.

전진하는 인생을 위해

"나도 날마다 내가 바라는 모습을 객관적으로 보면서 스스로에게 묻곤 해. '비전에 한 걸음 더 가까이 다가가려면 오늘 내가 무슨 일을 해야 할까?' 솔직히 말해서 어제 어떤 성공이나 실패가 있었는지는 전혀 중요하지 않아. 정말 중요한 것은 이런 것이라네. 오늘 내가 서 있는 곳이 어디인가, 내가 해야 하는 일이 무엇인가, 그리고 전진하는 인생을 살기 위해 내가 할 수 있는 일은 무엇인가?"

에릭 시노웨이 『하워드의 선물』

중년의 나이란 여러 책임과 희망, 욕구들 때문에 흔들릴 수밖에 없고, 그만큼 용기는 더 절실해진다. 그런데 자신이 원하는 게 무엇인지 분명히 알아야 용기도, 희망도 생기는 거다. '전진하는 인생을 위해 오늘 내가 할 일은 무엇인가?' 이 질문이 내게 쓸모가 있다면 바로 이 부분이다. 나는 오늘, 그리고 내일 할 일만 있으면 된다. 그러면 어려운 현실도 그럭저럭 견딜 용기가 생긴다.

퇴직자가 갖춰야 할 세 가지

요리 능력이 남자에게는 홀로서기의 핵심 항목이다. 요리 못하면 곧 서러워진다. 혼자 외식하는 데에도 익숙해져야 한다. 퇴직자에게는 의식주의 독립이 필수 요건이다. 계절마다 옷을 스스로 찾아 입기, 밥을 차려 먹기, 그리고 취미활동을 위한 자율 공간 마련, 이 세 가지가 퇴직자들이 우선 갖춰야 할 항목이다. 정서적, 심리적 안정을 위해 반드시 해야 하는 낯선 일들이지만, 타인이 되어가는 아내와의 애틋한 소통, 애틋했던 사랑 얘기를 회복하고 그녀를 제4인생의 동반자로 만들려면 팔을 걷어붙이고 나서야 한다.

송호근 『그들은 소리 내 울지 않는다』

이탈리안 파스타 클래스는 언제나 만원이다. 중년 남자들이 요리를 배우면서 삶의 긍정적인 밸런스를 찾는다고 한다. 멋지게 늙어가는 남자가 되기 위해서는 건강, 유머, 열정이 필요하다는데, 요리는 열정에 가깝지 않나? 사르트르는 혼자 있을 때 외로우면 자신이 마음에 들지 않는 거라고 말했는데, 요리 하는 남자라면 외롭지 않고 혼자서도 잘 놀 것 같다.

되도록 멀리 풍경을 보자고

자동차 핸들을 쥐면서 문득 그런 것을 생각했다.

나는 올겨울 세계의 어딘가에서 또 한 번 마라톤 풀코스를 또 어딘가에서 트라이애슬론 레이스에 도전하고 있을 것이다. 그렇게 해서 계절이 순환하고 해가 바뀌어간다. 나는 또 한 살을 먹고 아마도 또 하나의 소설을 써가게 될 것이다. 어쨌든 눈앞에 있는 과제를 붙잡고 힘을 다해서 그 일들을 하나하나 이루어 나간다. 한 발 한 발 보폭에 의식을 집중한다. 그러나 그렇게 하는 동시에 되도록 긴 범위로 만사를 생각하고, 되도록 멀리 풍경을 보자고 마음에 새겨둔다. 누가 뭐라고 해도 나는 장거리 러너인 것이다.

무라카미 하루키 『달리기를 말할 때 내가 하고 싶은 이야기』

야근과 박봉, 사장의 눈치를 묵묵히 견디며 일하는 출판 편집자의 고단함을 핑계로 그저 하루하루 살아온 삶과는 얼마나 달랐을 것인가, 생각할수록 속이 아프다. 되도록 멀리 풍경을 보자고 하루에도 몇 번 중얼거린다. 아직 삶 전체를 파노라마처럼 그릴 수준은 못돼도, 그 어느 하루도 허투루 놓치고 싶진 않다.

쟁기를 잡은 농부는 뒤돌아보지 않는다

공기도 희박한 고원의 대지에서 청보리밭을 간다.
티베트에도 경운기와 트랙터가 보급되고 있지만
동력기계를 쓰면 땅이 굳고 생명력이 죽어가기에
말이 끄는 작은 쟁기질로 말랑한 숨결을 불어넣는다.
삶에서 가치 있는 것들은 이렇게 꾸역꾸역
불굴의 걸음으로 밀어가야 한다는 듯이,
쟁기를 잡은 농부는 뒤돌아보지 않는다.

박노해 『다른 길』

더 빠르고 강한 것만이 좋은 것은 아니다. 젊지 않은 나이로 새로 시작하는 출발선에 섰다면 쟁기를 잡은 농부처럼 뒤돌아보지도 말고, 그리워하지도 말고, 후회하지도 말고, 이렇게 꾸역꾸역 불굴의 걸음으로 밀어나가야 한다고 맘먹는다.

- 김석희, 『이 또한 즐겁지 아니한가』(웅진지식하우스, 2012)
- 김성근, 김운경 등저, 『세월은 흐르는 것이 아니라 쌓이는 것이다』(페이퍼로드, 2014)
- 고철종, 『40대 남자 이야기』(다산라이프, 2010)
- 공지영, 『괜찮다, 다 괜찮다』(알마, 2008)
  『빗방울처럼 나는 혼자였다』(오픈하우스, 2011)
- 곽재구, 『곽재구의 '포구기행』(열림원, 2003)
- 구본형, 『나는 이렇게 될 것이다』(김영사, 2013)
- 길희성, 『길은 달라도 같은 산을 오른다』(휴, 2013)
- 김갑수, 『지구 위의 작업실』(푸른숲, 2009)
- 김선주, 『이별에도 예의가 필요하다』(한겨레출판, 2010)
- 김연수, 『지지 않는다는 말』(마음의 숲, 2012)
  『청춘의 문장들+』(마음산책, 2014)
- 김열규, 『아흔 즈음에』(휴머니스트, 2014)
- 김원곤, 『50대에 시작한 4개 외국어 도전기』(맛있는공부, 2012)
- 김중혁, 『미스터 모노레일』(문학동네, 2011), 『뭐라도 되겠지』(마음산책, 2011)
- 김인철 외 등저, 『건축가는 어떤 집에서 살까』(서울포럼, 2005)
- 나카무라 요시후미, 정영희 옮김, 『집을 생각한다』(다빈치, 2011)
- 노라 에프런, 박산호 옮김, 『내 인생은 로맨틱 코미디』(브리즈, 2007)
  김용언 옮김, 『철들면 버려야 할 판타지에 대하여』(반비, 2012)
- 노희경, 『지금 사랑하지 않는 자, 모두 유죄』(김영사on, 2008)
- 무라카미 하루키, 권남희 옮김, 『샐러드를 좋아하는 사자』(비채, 2013)
  임홍빈 옮김, 『달리기를 말할 때 내가 하고 싶은 이야기』(문학사상, 2009)
- 박노해, 『다른 길』(느린걸음, 2014)

- 박민규, 『삼미 슈퍼스타즈의 마지막 팬클럽』(한겨레출판, 2003)
  『죽은 왕녀를 위한 파반느』(예담, 2009)
- 박범신, 『산다는 것은』(한겨레출판, 2010), 『은교』(문학동네, 2010)
- 박상미, 『취향』(마음산책, 2008)
- 박완서, 『호미』(열림원, 2007)
- 박웅현, 『책은 도끼다』(북하우스, 2011)
- 송호근, 『그들은 소리 내 울지 않는다』(이와우, 2013)
- 신경숙, 『엄마를 부탁해』(창비, 2008)
- 에릭 시노웨이 · 메일 미도우, 김명철 옮김, 『하워드의 선물』(위즈덤하우스, 2013)
- 오정희, 『내 마음의 무늬』(황금부청이, 2006)
- 와타나베 쇼이치, 김욱 옮김, 『지적으로 나이 드는 법』(위즈덤하우스, 2012)
- 우석훈, 『1인분 인생』(상상너머, 2012)
- 유시민, 『어떻게 살 것인가』(생각의길, 2013)
- 유인경, 『이제는 정말 나를 위해서만』(위즈덤경향, 2012)
- 윤광준, 『마이 웨이』(그책, 2011)
- 윤대녕, 『사라진 공간들, 되살아나는 꿈들』(현대문학, 2014)
  『이 모든 극적인 순간들』(푸르메, 2013)
- 윤용인, 『어른의 발견』(글항아리, 2008)
- 은희경, 『마이너리그』(창비, 2001)
- 이근후, 『나는 죽을 때까지 재미있게 살고 싶다』(갤리온, 2013)
- 이문재, 『이문재 산문집』(호미, 2006)
- 이븐 알렉산더, 고미라 옮김, 『나는 천국을 보았다』(김영사, 2013)
- 이석원, 『보통의 존재』(달, 2009)
- 전경린, 『풀밭 위의 식사』(문학동네, 2010)
- 전혜성, 『가치있게 나이 드는 법』(중앙북스, 2010)
- 정유정, 『히말라야 환상방황』(은행나무, 2014)
- 정진홍, 『마지막 한 걸음은 혼자서 가야 한다』(문학동네, 2012)
- 정혜윤, 『삶을 바꾸는 책 읽기』(민음사, 2012)
- 박완서, 이해인 등저, 『사람이 풍경일 때처럼』(21세기북스, 2010)

• 제임스 설터, 박상미 옮김, 『가벼운 나날』(마음산책, 2013)
• 조경란, 『백화점』(돌, 2011)
• 조정래, 『황홀한 글감옥』(시사인북, 2009)
• 최영미, 『길을 잃어야 진짜 여행이다』(문학동네, 2009)
• 피터 싱어, 노승영 옮김, 『이렇게 살아가도 괜찮은가』(시대의창, 2014)
• 한비야, 『그건, 사랑이었네』(푸른숲, 2009)
• 한설희, 『엄마, 사라지지 마』(북노마드, 2012)
• 한승원, 『이 세상을 다녀가는 것 가운데 바람 아닌 것이 있으랴』(황금나침반, 2005)
• 함민복, 『길들은 다 일가친척이다』(현대문학, 2009)
• 헬렌 니어링 · 스코트 니어링, 류시화 옮김, 『조화로운 삶』(보리, 2000)
• 홍세화, 『생각의 좌표』(한겨레출판, 2009)
• 황현산, 『밤이 선생이다』(난다, 2013)

• 고광헌, 『시간이 무겁다』(창비, 2011)
• 김경미, 『쉿, 나의 세컨드는』(문학동네, 2006)
• 김재진, 『누구나 혼자이지 않은 사람은 없다』(시와, 2012)
• 마종기, 『안 보이는 사랑의 나라』(문학과 지성사, 1999)
• 박노해, 『그러니 그대 사라지지 말아라』(느린걸음, 2010)
• 신현림, 『세기말 블루스』(창비, 1996)
• 이상국, 『집은 아직 따뜻하다』(창비, 1988)
• 이어령, 『어느 무신론자의 기도』(열림원, 2010)
• 정철훈, 『개 같은 신념』(문학동네, 2004)
• 정현종, 『환합니다』(지만지, 2012)
• 정희성, 『돌아다보면 문득』(창비, 2008)
• 조옥현, 『나이 들면, 추억하는 것은 모두 슬프다』(생각의창고, 2013)
• 황지우, 『저물면서 빛나는 바다』(학고재, 1995)

살아 있다면 언젠가 크든 작든, 화려 하든 소박하든

'내 꽃'을 피우고 마는 것이 존재이고 사람이다.

아직 '꽃'으로 피었던 적이 없다면

다른 새봄을 기다리며 겨울나기를 준비하면 된다.